Schumann · Mahāyāna-Buddhismus

Eine mahāyānische Trinität. Im Zentrum der Buddha Śākyamuni in der Geste des (zweiten) Andrehens des Dharma-Rades (nach SP 3,34). Seine Transzendenz wird durch das Schweben über dem Lotos angedeutet. Links (vom Betrachter aus) der Bodhisattva Maitreya, der als nächster Buddha in der Welt erscheinen wird, rechts der Transzendente Bodhisattva Avalokiteśvara, identifizierbar auch an dem Abbild des Buddha Amitābha in seinem Kopfputz. Zwischen den Hauptfiguren die (hinduistischen) Götter Indra und Brahma in Gesten der Buddha-Verehrung. Die Inschrift am Sockel erlaubt die Datierung der Gandhāra- (= graeco-buddhistischen) Skulptur in die Epoche Kaniṣkas II, d.h. ins ausgehende 2. Jahrhundert n. Chr. (Privatsammlung, Brüssel)

Inhalt

Mit 48 Abbildungen

CIP-Titelaufnahme der Deutschen Bibliothek

Schumann, Hans Wolfgang
Mahāyāna-Buddhismus : die zweite Drehung des Dharma-Rades /
Hans Wolfgang Schumann. – München : Diederichs, 1990
ISBN 3-424-01016-2

Umschlaggestaltung: Zembsch' Werkstatt München
Produktion: Tillmann Roeder, München
Satz: Uhl + Massopust, Aalen
Druck und Bindung: Ebner Ulm

ISBN 3-424-01016-2

Printed in Germany

Hans Wolfgang Schumann

Mahāyāna-Buddhismus

Die zweite Drehung des Dharma-Rades

Diederichs

Vorwort

Dreimal, so sagt man in Asien, hat sich das buddhistische »Rad der Lehre« gedreht, und jede Drehung eröffnete der Welt einen neuen Erlösungsweg. Den ersten Anstoß gab dem Rad Siddhārtha Gautama, der historische Buddha (563–483 v. Chr.)[1], als er um 528 v. Chr. im Gazellenhain von Isipatana bei Benares seine erste Lehrrede hielt. Die zweite Raddrehung veranlaßte der *transzendente* Buddha, indem er durch Offenbarung des Prajñāpāramitā- und des Saddharmapuṇḍarīka-Sūtra den Mahāyāna-Buddhismus schuf (AP 9, p. 101; SP 3,34)[2]. Die dritte Drehung schließlich, um 600 n. Chr., wird dem *Ādibuddha* zugeschrieben und ließ das Tantrayāna entstehen. Zwar nicht mehr in Indien, aber im übrigen Asien sind alle drei Lehrrichtungen noch heute kraftvoll lebendig. Längst hat die Lehre des Buddha auch in Europa und Amerika Bekenner.

Westliches Denken fragt zuerst nach den Unterschieden, östliches Denken betont die Gemeinsamkeiten. Welche Überzeugungen sind es, die die verschiedenen Lehrrichtungen und Schulen des Buddhismus verbinden?

Gemeinsam ist allen buddhistischen Richtungen das Bekenntnis zur Weltanalyse des Buddha Gautama, die das Dasein als leidhaft und der Wiedergeburt unterworfen aufzeigt und die Erlösung vom Werdenskreislauf im Verlöschen (nirvāṇa) erkennt. Gemeinsam ist allen Richtungen ferner die Leugnung eines Ich, einer Seele (ātman). Den Einwand, daß es ohne eine den Tod überdauernde, in die nächste Existenz überwandernde Seele keine Wiedergeburt und

---

1 Neben dieser von älteren Indologen erarbeiteten Datierung, die sich auf ceylonesische Quellen stützt, existiert eine zweite nach indischem Material. Ihr zufolge hätte der Buddha rund 115 Jahre später gelebt. Die Datierungsdiskussion ist zur Zeit rege im Gange.

2 Viele sehen statt des transzendenten Buddha den Philosophen Nāgārjuna (2. Jh. n. Chr.) als den Urheber der zweiten Raddrehung an.

Mit der Darlegung seiner Lehre setzte der historische Buddha Gautama das »Rad der Lehre« in Gang. Das Rad ist seitdem das Symbol der Buddhalehre geblieben. Die beiden Gazellen erinnern an die historische Erstoffenbarung im Gazellenhain bei Benares im Jahre 528 v. Chr.

keine Auswirkung guten und schlechten Tuns (karman) geben könne, läßt der Buddha nicht gelten: Die Wiedergeburt vollzieht sich ohne Seelenwanderung. Das Denken nicht in Begriffen der Substanz und des Seins, sondern in Phänomenabläufen und Werdensvorgängen ist für alle Schulen des Buddhismus kennzeichnend.

Im vorliegenden Buch gilt die Aufmerksamkeit dem Mahāyāna-Buddhismus, dem »Großen Fahrzeug«, das fünfhundert Jahre nach dem Tode des Buddha als zweite Lehrrichtung ins Dasein trat. Die Darstellung ist bemüht, die Beschreibung des Lehrgebäudes mit einer Geschichte seiner Entstehung zu verbinden und zu zeigen, wie sich die mahāyānischen Ideen aus dem Hīnayāna ableiten. Manches, das im fertigen System widersprüchlich erscheint, wird durch

Eine vom Kusāna-Kaiser Kaniṣka I geprägte Goldmünze (Durchm. 20 mm) zeigt auf der Rückseite ein Bild des stehenden Buddha und, in griechischen Lettern, das Wort BODDO. Der Vierzack ist das Signet des Kaisers.

Kaniṣka I regierte im 1. oder 2. Jahrhundert n. Chr. von seiner Hauptstadt Puruṣapura aus (heute: Peshawar, Pakistan) ein Reich, das sich von Afghanistan im Westen bis nach Benares im Osten erstreckte. Der Kaiser war ein Anhänger der Buddhalehre und ein Patron der Künste und Architektur. In seiner Regierungszeit begann der Siegeszug des Mahāyāna.

historische Betrachtung verständlich. Historische Gründe waren es auch, von den drei Bestandteilen des Mahāyāna, nämlich

I. Leerheits- und Nur-Geist-Philosophie,
II. Buddhologie und
III. Bodhisattva-Weg,

den schwierigsten, die Philosophie, an den Anfang zu setzen. Die Leerheitsphilosophie ist das älteste Element des Mahāyāna und bildet den monistischen Nährboden, aus dem die jüngeren

Bestandteile ihren Sinn beziehen. Die Lebensmitte des Großen Fahrzeugs liegt im Wissen um die Ununterschiedenheit der Wesen und Dinge in der Leerheit, im Erlebnis ihrer All-Einheit im Absoluten.

Unter historischen Gesichtspunkten erschien es des weiteren sinnvoll, in zwei Fällen über die Fachgrenze der Indologie hinauszublicken nach Ostasien. Die Exkurse sollen zeigen, daß auch Zen und Amida-Buddhismus indische Schöpfungen sind, wenn sie auch erst unter dem Himmel Chinas voll erblühen konnten.

Zur Grundlage der folgenden Ausführungen dienten die originalen indischen Texte, nämlich die in Sanskrit erhaltenen Sūtras und Śāstras. Die ausschließliche Benutzung *indischer* Quellen führt dazu, daß das Buch einen Buddhismus beschreibt, der in seinem Ursprungsland kaum mehr zu finden ist, denn seit dem 13. Jahrhundert führt die Religion des Buddha in Indien ein Dasein am Rande. Gleichwohl bildet das indische Mahāyāna den Schlüssel, den Buddhismus Nepāls, Bhūtans, Tibets, der Mongolei, Chinas, Koreas und Japans zu verstehen. Die Buddhisten aller jener Länder sind Mahāyānins und ziehen Inspiration aus Einsichten, die in Indien entstanden und in Sanskrit-Texten autoritativ formuliert sind. Einen Eindruck von solchen Texten geben die im vorliegenden Buch in Übersetzung wiedergegebenen vier kleinen Sanskrit-Werke.

An einigen Stellen war es erforderlich, Aussagen der Sanskrit-Bücher mit solchen des Pāli-Kanons zu vergleichen. Wo Zweifel entstehen könnten, um welche Sprache es sich handelt, wird die Sprache durch die Abkürzungen Skt. oder P. in Klammern angegeben. Ebenfalls in Klammern stehen die Fundstellenangaben, die auf die indische Kapitel- und Abschnitt-Einteilung sowie bei wenig unterteilten Texten den Band (in römischer Ziffer) und die Seite (p.) der Textausgabe verweisen. Jede Aussage wird nur einmal belegt, auch wenn mehrere Belegstellen hätten angeführt werden können. Der nichtspezialisierte Leser wird gebeten, über die Stellenangaben hinwegzusehen.

Eine besondere Freude ist es mir, den Personen zu danken, ohne deren Mitwirkung das Buch nicht entstanden oder unpräziser ausgefallen wäre. Der erste Dank gilt meiner Frau. Indem sie weitgehend den »täglichen Kram« erledigte, verschaffte sie mir den Freiraum, mich neben den Berufspflichten dem Schreiben zu widmen. Ohne ihre liebevolle Geduld, mit der sie zahllose gesprächsfreie Abende und das Klappern meiner Schreibmaschine ertrug, wäre das Buch nicht zustande gekommen.

Mein herzlicher Dank gilt weiter den Freunden, die das Buch durch wissenschaftliche Hinweise gefördert haben. Der Bonner Indo- und Tibetologe Dr. Helmut Eimer hat das Manuskript neben seinen Lehraufgaben und trotz schwankender Gesundheit gelesen und als scharfäugiger Kritiker und kenntnisreicher Berater zahlreiche wertvolle Verbesserungsvorschläge gemacht. Ebenso eingehend hat der Göttinger Indologe und Pāli-Fachmann Dr. Heinz Braun das Manuskript geprüft; von ihm kamen über hundert Hinweise, die fast ausnahmslos in das Buch eingeflossen sind. Als dritter Fachmann wirkte der Bonner Indologe und Asien-Historiker Dr. Karl-Heinz Golzio mit, der die Kapitel über Zen- und Amida-Buddhismus durchgesehen und die Schreibung der chinesischen Namen harmonisiert hat. Gewählt wurde die in der VR China heute gebräuchliche Pinyin-Transliteration, die sich gegenüber dem älteren System von Wade-Giles immer mehr durchsetzt.

Bombay, im März 1990 — HANS WOLFGANG SCHUMANN

Einleitung

Vom Hīnayāna zum Mahāyāna

Die Ordensspaltung beim Zweiten Konzil

Die Entwicklung zum Mahāyāna begann hundert Jahre nach dem Tode des historischen Buddha beim Zweiten buddhistischen Konzil (383 v. Chr.). Anlaß des Konzils war der Wunsch einer Mönchsgruppe, die vom Buddha festgelegten Ordensregeln (vinaya) in zehn Punkten zu lockern. Der Seniormönch Raivata (P. Revata), dem das Änderungsbegehren vorgetragen worden war, setzte ein Schiedskomitee aus vier konservativen und vier modernistischen Mönchen ein, um über die Zulässigkeit der zehn Neuerungen zu entscheiden. Nach längerer Diskussion obsiegten die Konservativen, und um jeden Zweifel an der Unzulässigkeit von Änderungen und der Gültigkeit der bestehenden Ordensregeln auszuschließen, riefen sie in der Stadt Vaiśāli (P. Vesāli) ein Konzil aus siebenhundert Mönchen zusammen, das unter dem Vorsitz des Raivata den Kanon erneut rezitierte. Zur Verdeutlichung ihres Festhaltens an der Tradition nannten die Konzilteilnehmer ihre Lehrauffassung »die alte Lehre« (P. Theravāda). Sie selbst wurden entsprechend als die »Anhänger der alten Lehre« (P. Theravādin) bezeichnet.

Die Neuerer, die die Lockerung der zehn Ordensregeln vorgeschlagen hatten, gaben sich mit dem Entscheid des Schiedskomitees nicht zufrieden. Sie hielten ein Gegenkonzil ab, und da sie behaupteten, gegenüber den Theravādins in der Mehrheit zu sein, bezeichneten sie sich selbst als »die Große Gemeinde« (Mahāsaṅghika). Die buddhistische Urgemeinde war damit in zwei Schulen, Theravāda und Mahāsaṅghika, gespalten, die sich im Laufe der Zeit zu zwei Lehrrichtungen verhärteten.

In den folgenden Jahrhunderten gingen aus Theravāda und Mahāsaṅghika weitere Schulen hervor. Die Tradition spricht von

18, jedoch sind in indischen, ceylonesischen und tibetischen Quellen fast 40 Schulnamen erwähnt; einige Schulen besitzen mehrere Namen. Wenn auch der Stammbaum der Schulen in den alten Büchern nicht ganz konform beschrieben wird, so besteht doch Einigkeit darüber, welche vom Theravāda- und welche vom Mahāsaṅghika-Zweig abstammen. Die folgenden Schulen haben Gedanken zum System des Mahāyāna beigesteuert:

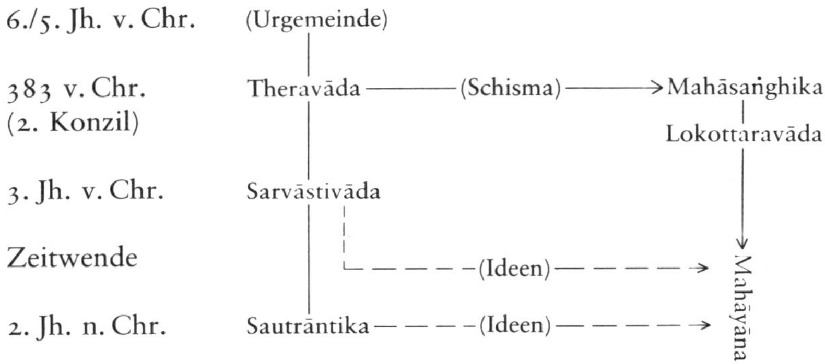

Theravāda, die Lehre der Alten

Die Theravādins verstehen sich der Lehrtradition der Urgemeinde verpflichtet. Wo sie bei der Entwicklung einer Scholastik (P. Abhidhamma) über das alte System hinausgingen, glaubten sie, Aussagen des Buddha lediglich zu präzisieren.

Die Lehre (P. dhamma, Skt. dharma) des Buddha in der Theravāda-Überlieferung ist im Kanon in der Pāli-Sprache tradiert, der im 1. Jahrhundert v. Chr. auf Ceylon niedergeschrieben wurde. Der Pāli-Kanon gibt die Buddhalehre vielleicht nicht ganz in der Urgestalt wieder, ist aber die Quelle, die der Urgestalt zeitlich am nächsten steht und am komplettesten erhalten ist. Alle späteren Formen von Buddhismus sind zur Feststellung ihres Neuerungsgehalts am Pāli-Kanon zu messen.

Es ist die Grundüberzeugung aller in Indien entstandenen Religionen, daß das individuelle Dasein leidhaft ist und jeder bemüht sein sollte, dem Leiden und der Wiedergeburt zu entrinnen. Nur *ein* Ziel ist wahrhaft erstrebenswert: Das Verlöschen (P. nibbāna, Skt. nirvāṇa). Auch der Buddha ging von dieser Überzeugung aus. In seiner ersten Lehrrede, mit der er im Jahre 528 v. Chr. im Gazellenhain von Benares das »Rad der Lehre« in Gang setzte, gliederte er seine Einsichten in die Vier Wahrheiten: die Wahrheit vom Leiden, seinem Ursprung, seiner Aufhebung und dem Wege zu seiner Aufhebung.

Die *Wahrheit vom Leiden* erkennt in der Welt »Drei Kennzeichen«. Alles, was die Welt ausmacht, der Mensch inbegriffen, ist

a) unbeständig,
b) leidhaft und
c) nicht ein Ich.

a) Die Unbeständigkeit erscheint auf den ersten Blick eine banale Feststellung, denn was liegt offener vor Augen als die Vergänglichkeit aller Dinge. Zu einer philosophischen Aussage wird sie indes mit der Erklärung des Buddha, daß es in und hinter den vergänglichen Erscheinungen kein beharrendes Etwas gibt, kein Ding an sich. Was wir als die Welt erleben, ist bloß ein Strom von Phänomenen ohne Substrat. Es ist unklug, sein Herz an Dinge zu hängen, die am Ende nur Verlust und Enttäuschung bringen können.

b) Das zweite Daseinsmerkmal ist die Leidhaftigkeit. Leidfrei kann nach dem Verständnis des Buddha nur sein, was dauerhaft ist: Nichts in der Welt aber *ist* von Dauer. Auch die angenehmen Gefühle und Erlebnisse, auch die positiven Dinge des Lebens sind ihrer Vergänglichkeit wegen im Grunde leidhaft. Jeder weiß, daß das Leben Leiden *mit sich bringt.* Die Botschaft des Buddha dringt tiefer und zeigt, daß es Leiden *ist.* »Leiden« (P. dukkha, Skt. duḥkha) ist im Buddhismus ein Ausdruck für den Zustand der Unerlöstheit.

c) Das dritte Kennzeichen ist das des Nicht-Ich. Das, was wir als unser Ich, unsere Seele bezeichnen, hat keine Substanz und keinen Bestand. Wie die übrige Welt ist die empirische Person ein Produkt fluktuierender Faktoren, von denen keiner über den Tod der Person hinaus erhalten bleibt. Da im indischen Denken nur etwas den Tod Überdauerndes die Bezeichnung »Ich« oder »Seele« verdient, ist die empirische Person in Wahrheit »nicht ein Ich« (P. an-atta). Sie ist ein Erlebnisphänomen ohne Kern: Sie ist leer (P. suñña).

Die Nicht-Ich-Lehre hat schon die Zeitgenossen des Buddha irritiert. Wie kann Gautama, so fragten sie, behaupten, die Wesen unterlägen der Wiedergeburt, wenn er nicht eine den Tod überdauernde Seele annimmt? Wie kann es Wiedergeburt und karmische Auswirkung der Taten geben ohne ein Subjekt der Wiedergeburt, das die Reihe der Wiedergeburten durchläuft?

In der Tat, so betont der Buddha demgegenüber, vollzieht sich die Wiedergeburt ohne Seelenwanderung, nämlich als »Bedingtes Entstehen«. Keine Seele, nichts Substanzielles wechselt von der einen in die nächste Existenz über. Vielmehr »konditioniert« die Vorexistenz die Nachexistenz: sie gibt den Impuls für deren Zustandekommen und bestimmt zugleich deren Qualität. Jeder kann sich durch gute Taten eine bessere Existenzform erarbeiten. Gutes Tun oder genauer: gute Tatabsichten (P. saṅkhāra) führen zu besserer, schlechtes Tun und schlechte Tatabsichten zu schlechterer Wiedergeburt. Einzig durch eigene Anstrengung ist es möglich, sich auf der karmischen Leiter emporzuarbeiten.

Allerdings ist auch die beste Wiedergeburtsform noch keine Erlösung. Auch wer als ein Gott wiedergeboren wird, ist von der Wiedergeburt nicht frei geworden, denn die Götterwelt liegt innerhalb des Wiedergeburtenkreislaufs (saṃsāra). Gewöhnlich werden im Buddhismus fünf, manchmal sechs Welten unterschieden, in denen ein Wesen je nach seinem Karman wiedergeboren werden kann. In keiner der fünf oder sechs Welten ist der Aufenthalt ewig.

Erlösung ist allein das völlige Ausscheiden aus dem Geburtenkreislauf, der Zustand der Freiheit von allen saṃsārischen Bindungen.

Auf die Frage, was den Kreislauf der Wiedergeburt antreibt, antwortet die zweite Wahrheit des Buddha, die *Wahrheit vom Ursprung des Leidens*. Es ist die Gier, die an den Saṃsāra fesselt. Gier und Unwissenheit – in späterer Kodifizierung: Begierde, Haß

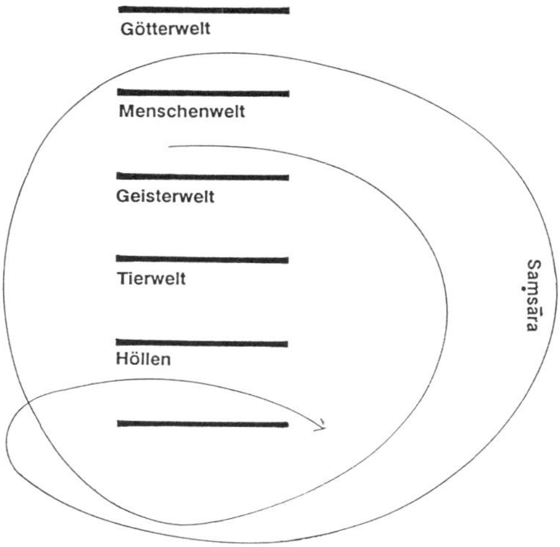

und Verblendung – sind die Impulse für neue Wiedergeburt. Aus dem Zusammenspiel unserer ungezügelten Wünsche mit unserem Handeln entstehen Existenzzwang und neues Leiden.

Die dritte Wahrheit des Buddha, die *Wahrheit von der Aufhebung des Leidens*, stellt fest, daß die Erlösung durch Vernichtung der Gier zu verwirklichen ist; die vierte *Wahrheit*, die *vom Wege zur Aufhebung des Leidens*, gibt die Methode dazu an. Es ist der Achtfache Weg der ethischen Selbstdisziplin, nämlich rechte Ansicht, rechter Entschluß, rechte Rede, rechtes Verhalten, rechter Lebensunterhalt, rechte Anstrengung, rechte Achtsamkeit und rechte Meditation. Wer durch Selbsterziehung zur Gierlosigkeit, zum Gleichmut und zum Wissen gelangt ist, der ist ein Heiliger und hat das Nirvāṇa (P. nibbāna) verwirklicht, die Freiheit vom Zwang zur Wiedergeburt. Beim Tode tritt Parinirvāṇa, das Verlöschen auch der physischen Person ein. Der Zustand des Erlösten ist jenseits der Möglichkeit der Beschreibung, denn Worte versagen vor dem Nirvāṇa. – Soweit die Erlösungslehre des historischen Buddha, wie sie im Pāli-Kanon überliefert ist.

Auf dem Fundament dieses pragmatischen Systems bauten theravādische Scholastiker, indem sie Aussagen des Buddha deuteten, eine philosophische Welterklärung auf. Dieser zufolge bestehen die empirische Person und die Dinge aus insubstanziellen »Daseinsfaktoren«, (Skt.) Dharmas (Plural). Die Dharmas, wörtlich »Träger«, sind abstrakte Qualitäten oder Ereignisse, die sich befristet zu Konglomeraten zusammenschließen und dadurch die Welt bilden. Sie treten nicht *an* etwas als Attribute einer Substanz auf, sondern stellen *selber* die sich ständig wandelnde Welt dar. Imstande dazu sind sie durch ihre Kurzlebigkeit und dadurch, daß alte Dharmas stets neue bedingen, die dann an die Stelle der vergehenden alten treten. Wie in der Musik die Flüchtigkeit der Einzeltöne und ihr rasches Aufeinanderfolgen als Melodie wahrgenommen wird, ebenso erzeugt die Fluktuation von Dharmas das Erlebnis »Welt«. Die Welt *ist* nicht, sondern *geschieht*, es gibt kein Sein, sondern nur Werden.

Der Vielheit der bedingten (saṃskṛta) Dharmas, die durch ihr Zusammenspiel und ihre Fluktuation die saṃsārische Welt mit ihren Kennzeichen Vergänglichkeit, Leidhaftigkeit und Nicht-Ichheit bilden, – dieser Vielheit steht der *eine* nichtbedingte (asaṃskṛta) Dharma, das Nirvāṇa gegenüber, der von den Drei Kennzeichen frei ist.

Sarvāstivāda

Die Sarvāstivādins, deren Schule im 3. Jahrhundert v. Chr. aus der theravādischen Scholastik entstand, modifizierten die Dharma-Theorie, indem sie die bedingten Dharmas (Daseinsfaktoren) nicht als ephemer, sondern als langlebig ansahen. Dharmas, so behaupteten sie, entstehen nicht, sondern *sind*. Sie wechseln lediglich von der Latenz zur Aktivität über und fallen dann in die Latenz zurück: wie ein Stein, der auf einem Berg liegt, dann im Herabrollen aktiv wird und im Tal erneut zur Ruhe kommt. Gegenwart ist immer das, was gerade wirksam ist. In den Dharmas und der aus ihrer Aktivität gebildeten Welt sind die drei Zeiten Vergangenheit, Gegenwart und Zukunft koexistent: Alles *ist* (sarvam asti). Es war dieser Grundsatz, der der Sarvāstivāda-Schule den Namen gab.

Während die Theravādins als einzigen nichtbedingten (asaṃskṛta) Dharma das Nirvāṇa ansahen, glaubten die Sarvāstivādins, im Erlöstheitsbereich drei nichtbedingte Dharmas – Raum (ākāśa) und zwei Arten Aufhebung (nirodha) – unterscheiden zu können.

Sautrāntika

Die Sautrāntika-Schule, die wie der Sarvāstivāda zum Theravāda-Zweig gehört, entstand im 2. Jahrhundert n. Chr. und ist somit jünger als die ältesten Mahāyānasūtras. Die Schule hat die mahāyānischen *Philosophen* beeinflußt und Gedanken geschaffen, die sich in den *Śāstras* nachweisen lassen.

Der Name Sautrāntika rührt daher, daß die Schule die scholastischen (Abhidharma-)Bücher verwarf und nur den Sūtra-Teil (sūtrānta) des Schriftenkanons als autoritativ gelten ließ. Die vom Theravāda tradierte Auffassung des Buddha, daß es in der Person zwar keine Seele (ātman), daß es dennoch aber Wiedergeburt gebe, glaubten die Sautrāntikas dadurch plausibler zu machen, daß sie hinter den Einzelpersonen einer Wiedergeburtenkette als immaterielles Kontinuum (santati, santāna) ein Verbindungsbewußtsein (pratisandhivijñāna) annahmen. Die Tatabsichten (saṃskāra) der Vorexistenz prägen sich als Eindrücke (vāsanā) dem Verbindungsbewußtsein auf und verursachen Vorstellungen, die der Wiedergeborene als seine Welt erlebt. Mit der Idee eines überindividuellen Bewußtseins lieferten die Sautrāntikas die Grundlage für das mahāyānische Vijñānavāda- (Yogācāra-)System, welches das gesamte Dasein auf Bewußtsein (vijñāna) oder Geist (citta) zurückführt.

In Sautrāntika-Kreisen kam auch die später vom Mahāyāna adoptierte Lehre auf, daß der Buddha außer einem irdischen Leib (kāya) zwei transzendente Leiber besitze.

Mahāsaṅghika

Die Mahāsaṅghikas, die sich beim Zweiten Konzil von der Urgemeinde abgespalten hatten, behandelten die Überlieferung weniger ehrfürchtig als die Theravādins und hatten keine Bedenken, traditionelle durch neue Auffassungen zu ersetzen. Ohne die Änderungen, die sie im Laufe von drei Jahrhunderten bewirkten, wäre das Mahāyāna nicht zustande gekommen.

Der Theravāda-Buddhismus hatte angesichts der in den Saṃsāra verstrickenden Unwissenheit (avidyā) die Heilswirkung des Wissens (vidyā) betont; die Mahāsaṅghikas ersetzten das Wissen durch Weisheit (prajñā) und lieferten damit einen der Kernbegriffe der Prajñāpāramitā-Philosophie. Gegenüber den Sarvāstivādins bestritten sie die Koexistenz der drei Zeiten in den Dharmas: Nur die Gegenwart sei real. Auch das Nirvāṇa analysierten sie anders. Während die Theravādins *einen* nichtbedingten (asaṃskṛta) Dharma und die Sarvāstivādins deren drei annahmen, glaubten die Mahāsaṅghikas, neun nichtbedingte Dharmas unterscheiden zu können.

Ihren wichtigsten Beitrag zum Mahāyāna steuerten sie indes nicht als philosophischen, sondern als religiösen Gedanken bei: Sie ersetzten das alte Leitbild des erlösten Heiligen (arhat) durch das des Bodhisattva, der seine eigene Erlösung aufschiebt, um vorrangig andere zur Erlösung reif zu machen. Das neue Ideal wurde rasch populär.

Lokottaravāda

Die Lokottaravādins, zum Mahāsaṅghika-Zweig gehörig, hegten von der Natur des Buddha eine besonders überhöhte Vorstellung und sahen ihn als überweltlich (lokottara) und dem Wesen nach transzendent an. Den sichtbaren Leib habe sich der wesenhaft transzendente Buddha nur beigelegt zur Anpassung (anuvṛtti) an die Bedürfnisse der Menschen, um ihnen den Weg zur Erlösung darlegen und vorleben zu können. Mit ihrem Doketismus lieferten die Lokottaravādins den wichtigsten Baustein für die mahāyānische Glaubensschule.

Polemik zwischen den Lehrrichtungen

Auffassungsdifferenzen hatten beim Zweiten Konzil (383 v. Chr.) zur Entstehung von Theravāda und Mahāsaṅghika, aber nicht zu einer Spaltung des Mönchsordens (saṅgha) geführt. Hitziger wurden die Debatten zwischen den Mönchen, als durch das Bekanntwerden der ersten mahāyānischen Sūtras deutlich wurde, daß aus dem Mahāsaṅghika eine neue Lehrrichtung entstanden war, die alles das bündelte, was die nach-theravādischen Schulen an unorthodoxen Einzelideen entwickelt hatten. Empört stellten die Theravādins fest, daß unter dem Etikett des Buddha-Dharma dem Pluralismus der ursprünglichen Lehre ein Monismus entgegengestellt, die Erlösung durch eigene Kraft durch einen Fremderlösungsglauben abgelöst, der irdische Buddha durch einen transzendenten Buddha und das Ideal des Heiligen durch das des Bodhisattva verdrängt worden war. Erbittert bezeichneten sie die neue Richtung als ein Zerrbild dessen, was der Buddha einst gelehrt hatte, als eine Irrlehre, die nicht zur Erlösung, sondern zu übler Wiedergeburt führe.

Die neue Lehrrichtung verteidigte sich energisch und wirksam. Ungeachtet der Tatsache, daß der historische Buddha Gautama seine Mönche aufgefordert hatte: »Wandert, ihr Mönche, hinaus zum Segen und Glück für die vielen, aus Mitleid mit der Welt, zum Nutzen, Segen und Glück für Götter und Menschen ... (und) lehrt die Lehre ...« (Mv 1,11,1) – ungeachtet dessen erklärte die neue Lehrrichtung die Anhänger des alten Buddhismus für selbstsüchtige Erlösungsegoisten. Nur *ein* Gedanke bewege sie: »Allein uns selbst wollen wir disziplinieren, allein uns selbst wollen wir zur Ruhe bringen, allein uns selbst wollen wir zum endgültigen Nirvāṇa führen« (AP 11, p. 116). Wann immer die Mahāyānasūtras das Fahrzeug (yāna) der Śrāvakas (»Hörer«) und Pratyekabuddhas (»Privatbuddhas«), das heißt den frühen Buddhismus, erwähnen, tun sie das im abschätzigen Sinne (z. B. AP 14, p. 143). Sogar die Lehrreden des historischen Buddha werden abgewertet: Māra, der buddhistische Versucher, habe die Gestalt eines Mönchs angenommen und die (hīnayānischen) Sūtras in die Welt gebracht, um die (mahāyānischen) Erlösungssucher vom Sūtra der Weisheitsvollkommenheit (Prajñāpāramitāsūtra) abzulenken (AP 11, p. 123).

Andere mahāyānische Polemiker, die nicht vergessen hatten, daß ihre Anschauungen auf dem Gedankensockel des Hīnayāna ruhen, bezeichneten den frühen Buddhismus als unvollständig. So definiert die Aṣṭasāhasrikā-Prajñāpāramitā die Beziehungen zwischen den beiden Lehrrichtungen als ein Inklusivverhältnis:

Subhūti: Sollte ein (mahāyānischer) Bodhisattva sich auch in den Ausbildungsinhalten der (hīnayānischen) »Hörer« schulen?

Der Erhabene: Das sollte er. Aber er sollte, wenn er sich so geschult hat, (dabei) nicht haltmachen.... Er lernt die Tugenden der »Hörer« (= des Hīnayāna) kennen, aber bleibt bei ihnen nicht stehen. Er nimmt sie auf, ohne ihnen zu widersprechen.... Er darf sie nicht für die (mahāyānische) Weisheitsvollkommenheit halten, die zur All-Wissenheit führt.

(AP 25, p. 214 gerafft)

Ähnlich argumentiert das Saddharmapuṇḍarīkasūtra. Durch den Mund des Śāriputra heißt es dort (3, p. 47), der Buddha habe seine Lehre von Beginn an in voller Ausführlichkeit (das heißt in Form des Mahāyāna) dargelegt, die frühen Mönche seien aber in ihrer Hast nur imstande gewesen, den Anfangsteil der Lehre, nämlich das Kleine Fahrzeug (Hīnayāna) zu verstehen. Erst jetzt seien sie für das Große Fahrzeug (Mahāyāna) reif und aufnahmebereit geworden. Vom 2. Jahrhundert n. Chr. an wurde für die alte Lehre und ihre Schulen der Ausdruck Hīnayāna, für die neue Lehrrichtung der Name Mahāyāna allgemein üblich. Die Bezeichnung Hīnayāna wird heute in der Buddhismus-Literatur ohne abschätzigen Nebensinn verwendet.

Trotz der Polemik zwischen Hīna- und Mahāyāna herrschte zwischen den Mönchen der beiden Lehrrichtungen Burgfrieden, denn Zank mit einem Hīnayānin, so heißt es im Mahāyāna, verhindert die Erreichung der All-Wissenheit (AP 24, p. 207). Bis etwa ins 3. Jahrhundert n. Chr. lebten die Mönche des Kleinen und des Großen Fahrzeugs in gemeinsamen Klöstern zusammen; danach entstanden getrennte Vihāras. An der Klosteruniversität Nālandā, wo man Hīnayāna und Mahāyāna nebeneinander studieren konnte, blieb das Zusammenleben sogar noch länger erhalten, nämlich bis zur Zerstörung der Akademie im 13. Jahrhundert.

Die heiligen Bücher des Mahāyāna-Buddhismus

Der Hīnayāna-Buddhismus versteht unter einem (P.) Sutta eine Lehrrede des Buddha; die meisten sind in der Druckausgabe nicht länger als 20 Seiten. Die (Skt.) Sūtras des Mahāyāna hingegen sind umfangreiche Bücher. Gemeinsam ist hīnayānischen und mahāyānischen Sūtras allein, daß in ihnen der Buddha lehrend auftritt, allerdings handelt es sich im Mahāyāna nicht um den historischen, sondern den transzendenten Buddha. Die Autoren der Sūtras sind unbekannt.

Mahāyānasūtras entstanden über einen Zeitraum von 700 Jahren, nämlich vom 1. vorchristlichen bis zum 6. nachchristlichen Jahrhundert. Alt im Rahmen dieser Zeitgrenzen sind die Prajñāpāramitā-Bücher Aṣṭasāhasrikā, Saptaśatikā und Vajracchedikā, ferner, unter anderen, das Saddharmapuṇḍarīkasūtra und der Versteil des Samādhirājasūtra, denn sie werden bereits von Nāgārjuna (2. Jh. n. Chr.) zitiert. Von vielen Sanskrit-Sūtras kennt man das Mindestalter aus ihrer Übertragung ins Chinesische. Die Übersetzer haben das Übertragungsjahr stets registriert.

Irreführend wäre es, aus dem relativ höheren oder geringeren Alter eines Mahāyānasūtra ein Werturteil abzuleiten. Auch die jüngeren Sūtras enthalten altes Material, und auch die alten Sūtras behandeln oft Themen, die in der Folgezeit nicht aufgegriffen wurden und in den Hauptstrom des Mahāyāna-Denkens keinen Eingang gefunden haben. Alle Sūtras vereinen Philosophisches mit Erbaulichem und Zeitloses mit Nebensächlichem.

Nur ein Teil der einst existenten Sūtra-Literatur ist in unsere Zeit tradiert worden. Der Mönchsphilosoph Candrakīrti (6./7. Jh.) zitiert in seinen Büchern sieben, der Mönchsphilosoph Śāntideva (695–ca. 730) dreiundzwanzig Sūtras, die seitdem im indischen Originaltext verlorengegangen sind; man weiß von vielen weiteren. Die Werke sind teils bei der Brandschatzung buddhistischer Klöster durch den nach Indien eindringenden Islam – vor allem im 13. Jahrhundert –, teils durch natürlichen Zerfall zugrunde gegangen. Palmblattbücher haben im indischen Klima nur eine begrenzte Lebensdauer und müssen periodisch auf frischen Textträger kopiert werden. Nach dem Niedergang des Buddhismus in Indien war dies nicht mehr in vollem Maße möglich. Die meisten mahāyānischen Texte, die in Sanskrit auf uns gekommen sind, wurden nicht in Indien selbst, sondern in Nachbarländern, vor allem in Nepāl konserviert.

Von den wichtigeren Mahāyānasūtras, die in Reinem oder Gemischtem Sanskrit vorliegen, sind die folgenden in modernen Druckausgaben greifbar:

Daśabhūmika (= Daśabhūmīśvara)[1]
Gaṇḍavyūha[1]
Guṇakāraṇḍavyūha
Kāraṇḍavyūha
Karunāpuṇḍarīka
Kāśyapaparivarta[2]
Laṅkāvatāra
Prajñāpāramitā[3]
Rāṣṭrapāla(paripṛcchā)[2]
Saddharmapuṇḍarīka
Śālistamba
Samādhirāja (= Candrapradīpa)
Sukhāvatīvyūha (in 2 Rezensionen)
Suvarṇaprabhāsa.

Die Sūtras sind die Quellentexte des Mahāyāna-Buddhismus, seine heiligen Bücher, die in den Jahrhunderten nach der Zeitwende in den Menschen Indiens neue Frömmigkeit und Glaubensglut entfachten und dem Mahāyāna seine ganz Asien erhellende Leuchtkraft gaben. Schon vom 2. Jahrhundert n. Chr. ab wurden sie in

1 Diese Sūtras sind Teile des ansonsten in Sanskrit verlorenen, nur chinesisch und tibetisch konservierten (Buddha-)Avataṃsakasūtra, das aus zahlreichen Einzelwerken besteht.

2 Diese beiden sind die einzigen in Sanskrit erhaltenen Bücher der Sūtrensammlung Ratnakūṭa, die nur chinesisch und tibetisch tradiert ist.

3 Das Prajñāpāramitāsūtra besteht aus 40 Einzelwerken, von denen zwölf im originalen Sanskrit erhalten sind. Die älteste Prajñāpāramitā ist die Aṣṭasāhasrikā (1. Jh. v. Chr.). Sie ist das älteste Mahāyānawerk überhaupt.

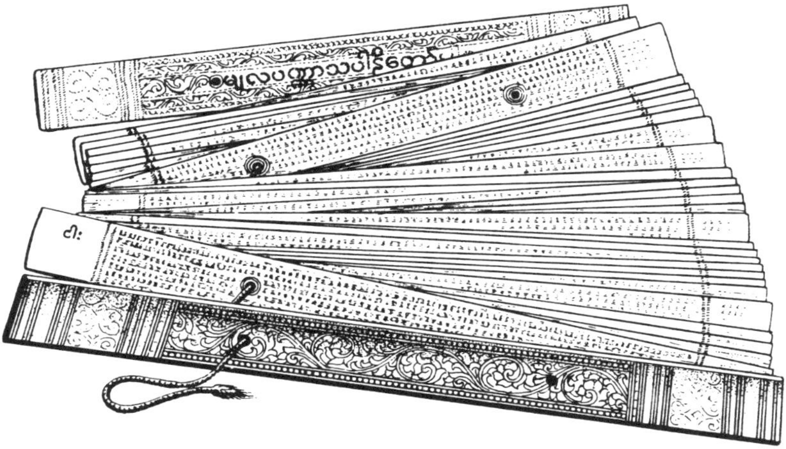

Als Beschreibmaterial dienten im alten Indien und den Nachbarländern getrocknete Palmblätter, in die der Text eingeritzt oder auf die er mit Tinte aufgetragen wurde. Zwei Holzbretter, oft bemalt, bilden die Buchdeckel, durch Deckel und Blätter gezogene Schnüre halten das Buch zusammen. Hier: Eine burmesische Pāli-Handschrift.

China, später auch in Korea (ab dem 4. Jh.) und Japan (ab dem 6. Jh.) mit Ehrfurcht studiert und in die Landessprachen übersetzt. Vom 8. Jahrhundert ab entstanden auch tibetische Übertragungen.

Den Sūtras an Bedeutung nachgeordnet sind die Śāstras, die »Lehrbücher« identifizierbarer indischer Mönchsdenker und Meister (ācārya). Sie entstanden zwischen dem 2. und 10. Jahrhundert und gelten jeweils nur einer bestimmten buddhistischen Schule als autoritativ. Wo die Sūtras einen Gedanken in Dialogform, oft weitschweifig und mit Wiederholungen entwickeln, versuchen die Śāstras, die Sūtra-Verkündungen zu interpretieren, philosophisch zu untermauern und in memorierbare Verse zu bringen. Oft gelingt es ihnen, klarere Konturen zu ziehen, stellenweise jedoch verwenden sie anfechtbare Logik oder geraten durch Überscharfsinn auf Holzwege.

I. Die Philosophie des mahāyānischen Monismus

1. Die Leerheitslehre (Śūnyatāvāda)

»Anatta« und »leer« im Pāli-Kanon

Die Upaniṣaden und der Hinduismus allgemein nehmen in den Wesen eine unsterbliche Seele (ātman, dehin oder jīva) an und erklären die Wiedergeburt als Überwechseln dieser Seele in einen neuen Körper.

> Wie eine Grasraupe, wenn sie das Halmende erreicht hat, sich einem anderen (Halm) nähert, indem sie sich (zuerst) zusammenzieht (und dann streckt), so nähert sich die Seele, wenn sie diesen Körper abgeworfen hat, ... (einem anderen Körper).
>
> (BāU 4,4,3)

Ausführlich ist die Seelenwanderung in der Bhagavadgītā beschrieben:

> Wie die Seelen in diesem Körper Kindheit, Jugend und Alter (durchleben),
> so erlangen sie auch einen anderen Körper; der Kluge wird da(von) nicht verwirrt. (BhG 2,13)
>
> Wie ein Mann verschlissene Kleider abwirft und andere, neue, anlegt,
> so wirft die Seele die verschlissenen Leiber ab und tritt in andere, neue, ein. (2,22)
>
> Schwerter zerschneiden sie nicht, nicht brennt sie das Feuer,
> nicht benetzen sie die Wässer, nicht dörrt sie der Wind.
>
> (2,23)

Unzerschneidbar ist sie und nicht zu verbrennen, unbenetzbar ist sie und nicht zu verdorren;
unvergänglich ist sie und alles durchdringend, unerschütterbar ist sie, feststehend und ewig. (2,24)

Die Seele ist das Kontinuum, das sich durch die Inkarnationen einer Wiedergeburtenfolge hindurchzieht wie der Seidenfaden durch ein Perlenhalsband:

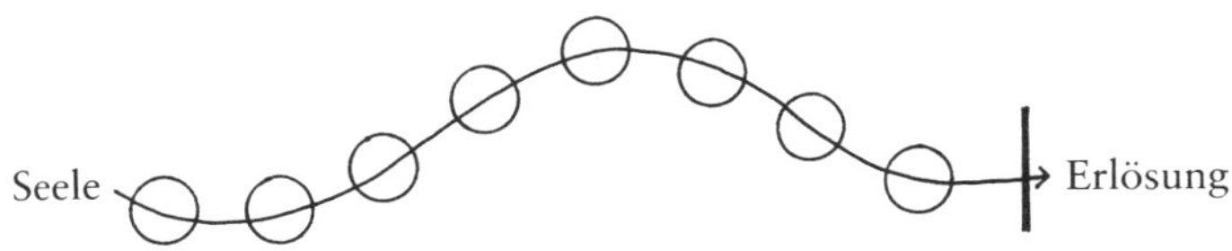

Erlösung ist erreicht, wenn sie vom Zwang zu weiterer Wanderung frei geworden ist.

Der Buddha widersprach der upaniṣadischen Behauptung einer unsterblichen Seele mit großem Nachdruck. Er bestritt das Vorhandensein einer den Tod überdauernden Entität und stellte der »Narrenlehre« des Seelenwanderungsglaubens (M 22) seine Auffassung von der Wiedergeburt ohne Seele entgegen. Es gibt kein Subjekt der Wiedergeburt, das die Reihe der Existenzen durchläuft, es gibt kein Seelenkontinuum. Beim Tode eines Wesens wandert nichts von dem Sterbenden zu seiner nächsten Existenz über. Das neue Wesen ist mit seiner Vorexistenz weder voll identisch noch von ihr unabhängig. Was die beiden Existenzen verbindet ist ein *Konditionismus*: Das Werden der neuen Daseinsform wird in Gang gesetzt durch die von der Vorexistenz ausgehenden Impulse. Wie beim Billardspiel die erste Kugel der zweiten den Bewegungsanstoß und zugleich eine bestimmte Laufrichtung gibt, ohne daß etwas Materielles von Kugel eins auf Kugel zwei übergeht, ebenso vollzieht sich auch die Wiedergeburt. Es sind die von dem Sterbenden ausgeführten Taten (P. kamma, Skt. karman) oder besser: die von ihm gehegten Tatabsichten (P. saṅkhāra, Skt. saṃskāra), die die neue Existenzform bedingen und nach Qualität und Milieu festlegen. Eben *weil* es keine unsterbliche Seele gibt, kann man die stets mit Leiden verbundene Individualität abwerfen und die Befreiung aus dem Wiedergeburtenkreislauf erreichen.

Der Vergleich mit der Perlenschnur trifft für die buddhistische Auffassung der Wiedergeburt nicht zu. Bei der Wiedergeburt ohne Seele besteht Verwandtschaft zwischen den Individuen einer Wiedergeburtenfolge nur durch konditionierende karmische Impulse:

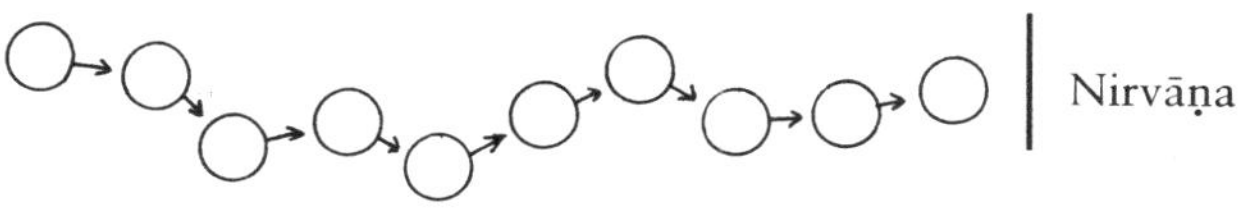

Wenn von einer Person keine Karman-Impulse mehr ausgehen und die Wiedergeburtenfolge abreißt, ist Nirvāṇa, »Verlöschen«, eingetreten.

Während der ganzen 45 Jahre seiner Lehrtätigkeit war die Nicht-ich-Lehre für den Buddha ein zentrales Thema. Von den Fünf Gruppen (P. khandha) oder Konstituenten, die die Person ausmachen, – Körper (rūpa), Empfindung (vedanā), Wahrnehmung (saññā), Geistesregungen (saṅkhāra) und Bewußtsein (viññāna) – besitzt keine die Beständigkeit, die man von einer Seele erwarten müßte, sie alle sind »nicht ein Selbst«, so betonte er immer wieder (z.B. M 22, I p. 138).

Daß in der Person keine den Tod überdauernde Seele zu finden, daß sie »nicht-ich« oder »nicht-selbst« (P. anatta) ist, läßt sich auch durch das Wort »leer« (P. suññā) ausdrücken: »nicht-selbst« und »leer« sind Synonyme. Ein Mönch, der sich vom geistigen Anhaften frei gemacht und die erste Meditationsstufe erreicht hat, der erkennt, daß die fünf Persönlichkeitskonstituenten »leer, nicht ein Selbst« sind, erklärt der Buddha seinem Jünger Ānanda (M 64, I p. 435). »Leer, das bedeutet von einem Selbst und etwas Selbsthaftem«, definiert eine weitere Stelle des Pāli-Kanons (S 41,7). Nirgendwo in der Welt ist ein Selbst zu finden. »Weil die Welt von einem Selbst leer ist, darum heißt es ›leer ist die Welt‹«, belehrt der Buddha den Ānanda bei anderer Gelegenheit (S 35,85). In allen diesen Zusammenhängen ist »leer« ein Ausdruck für das Fehlen einer Seelenentität, für die Vergänglichkeit und den Unwert der so bezeichneten Sache.

Schon zur Buddhazeit gab es Menschen, die von der Seelen-Idee nicht lassen konnten und aus Gautamas Leugnung einer Seele in der Person folgerten, das Selbst oder Ich müsse wohl außerhalb der Person, vielleicht im Heilszustand des (P.) Nibbāna zu finden sein. Eine Strophe des Vinayapiṭaka tritt dieser Auffassung entgegen:

> Unbeständig sind alle Persönlichkeitsbestandteile (saṅkhāra), leidhaft, nicht ein Selbst (anatta) und durch Tatabsichten bedingt (saṅkhata).
> Und *auch Nibbāna ist ein Begriff ohne Selbst*, das ist gewiß.
> (Par 3,1 Vin V, p. 86 v. 1)

Es hätte nahegelegen, aus dieser Aussage die Berechtigung abzuleiten, das Nibbāna, da »nicht ein Selbst«, gleichfalls als »leer« zu bezeichnen, jedoch wird diese Folgerung im Pāli-Kanon nicht gezogen. Das Adjektiv »leer« war zu stark negativ geprägt, als daß die Hīnayānins gewagt hätten, es auf den Erlösungs- und Heilszustand anzuwenden. Diesen Schritt zu tun war dem Mahāyāna-Buddhismus vorbehalten.

Von »leer« zur »Leerheit«

Die Theravādins hatten das Nomen »Leerheit« (P. suññatā) selten verwendet und es in keinem Falle als Ersatz für das mit spezialisierter Bedeutung befrachtete Adjektiv »leer« eingesetzt. »Leerheit« im Theravāda-Buddhismus bezeichnet die Absenz von Faktoren, die der Meditation und der Erlösung im Wege stehen – und ist dadurch oft eine Bezeichnung der Erlösung selbst. So äußert der Buddha gegenüber Ānanda: »Durch das Weilen in Leerheit weile ich jetzt in der Fülle« (M 121 III, p. 104) und führt dann aus, wie man durch das Wegmeditieren der Störfaktoren der Umgebung und des eigenen Innern in die »höchste, unübertreffliche Leerheit« eintritt. Es gelte, durch das Meiden von Geselligkeit in die äußere und innere Leerheit einzutreten und darin zu bleiben, heißt es in einem anderen Sutta (M 122 III, p. 111 f.), und mehrfach betont der Pāli-Kanon, daß die Lehrtexte des Buddha von der Leerheit handeln (z. B. A 2,28; S 20,7).

Die Mahāyāna-Buddhisten gingen mit den Begriffen »leer« und »Leerheit« freier um. Da die Theravādins die Person, die Welt und das Nibbāna (Skt. Nirvāṇa) als »ohne Selbst« charakterisiert und Person und Welt zudem als »leer« bezeichnet hatten, hielten die Mahāyānins es für konsequent, *auch das Nirvāṇa* als »leer« (Skt. śūnya) zu betrachten. Zugleich ersetzten sie das Adjektiv »leer« durch das Substantiv »Leerheit« (śūnyatā), denn es liegt auf der Zunge, von dem, was leer ist, zu sagen, seine Natur sei Leerheit. Daß die Substantivierung zu neuen Gedanken führte, wurde vermutlich zu Anfang kaum bemerkt. Philosophiegeschichtlich war der Sprung von »leer« zu »Leerheit« jedenfalls außerordentlich folgenreich: Die Leer*heit* ist das Identitätsband zwischen der empirischen Person, den Dingen der Welt und dem Nirvāṇa, ohne das der mahāyānische Monismus nicht denkbar wäre.

Wie unterscheiden sich »leer« und »Leerheit«?

»Leer« besagt, daß die so bezeichnete Sache ohne ein dauerhaftes Ich oder Selbst, nämlich vergänglich und leidhaft ist; »leer« ist stets ein abschätziges Urteil. Das Substantiv »Leerheit« hingegen ist doppelwertig. Wenn es im Mahāyāna heißt, eine Sache sei Leerheit, dann ist damit zwar (abwertend) ihre Vergänglichkeit festgestellt, zugleich aber (aufwertend) impliziert, daß in ihr die (Non-)Entität »Leerheit« vorhanden ist. Die Leerheit ist nichts Greifbares, kein mit den Sinnen erfaßbarer Gegenstand, aber doch etwas Reales. Sie ist der Punkt, wo Vergänglichkeit und Ewigkeit sich berühren.

Schon im ältesten Mahāyānasūtra überhaupt, dem im 1. Jahrhundert v. Chr. in Südindien entstandenen »Sūtra von der Transzendenten Weisheit in achttausend Zeilen« (Aṣṭasāhasrikā-Prajñāpāramitā), ist die monistische Leerheitsphilosophie voll entwickelt. Wie sie entstanden sein mag, läßt sich in vier Denkschritten nachvollziehen.

Denkschritt Eins: Die Leerheit ist das immanente Absolute

Alle Lehrrichtungen des Buddhismus teilen die Wirklichkeit in zwei Bereiche, die sie als (durch karmisches Tun) bedingt (saṃskṛta) und als (durch karmisches Tun) nichtbedingt (asaṃskṛta) bezeichnen. Der bedingte Bereich, von Bedingten (saṃskṛta) Dharmas oder Daseinsfaktoren gebildet und daher wandelhaft und leidvoll, ist der des Saṃsāra. Der nichtbedingte Bereich ist der des leidfreien Nirvāṇa und besteht, je nach Schule, aus einem, drei oder neun Nichtbedingten (asaṃskṛta) Dharmas.

Die Theravādins hatten zwischen dem Bereich des Bedingten = Saṃsāra und dem des Nichtbedingten = Nirvāṇa scharf getrennt, ja sie als Gegensätze betrachtet. Nur *eine* Gemeinsamkeit von Saṃsāra und Nirvāṇa hatten sie anerkannt, nämlich daß beide »nicht ein Selbst« sind. Den Ausdruck »leer« hatten sie nur auf den Bereich des Bedingten bezogen.

Die Mahāyānins halten diese Unterscheidung für falsch. Nach ihrer Auffassung sind *alle* Dharmas, die bedingten saṃsārischen sowohl wie die nichtbedingten nirvāṇischen, leer und Leerheit (AP 15, p. 148). Die Leerheit (śūnyatā) ist das Gemeinsame in beiden Sphären der Wirklichkeit: Im Saṃsāra ist sie der Grund für die Vergänglichkeit, die die Erlösung erforderlich, aber auch möglich macht, im Nirvāṇa *ist* sie die unerschütterliche Erlösung selbst. Wo die Theravādins einen Gegensatz sahen zwischen

Saṃsāra = leer	Nirvāṇa

erkennen die Mahāyānins die Leerheit als die Klammer, die die Bereiche des Bedingten und des Nichtbedingten verbindet:

Saṃsāra	Nirvāṇa

Leerheit.

In der Leerheit als ihrem innersten Wesen sind Saṃsāra und Nirvāṇa identisch. Die Leerheit gilt deshalb im Mahāyāna-Buddhismus als das Absolute (tattva), als das Eine, das man verstehen muß, um die Erlösung von der Wiedergeburt zu verwirklichen.[1]

1 Das Saddharmapuṇḍarīkasūtra (5,52) definiert die »Hörer«, d. h. die Hīnayānins, abschätzig als »die ohne Wissen von der Leerheit«.

Der aus dem Blitzzepter des vedischen Gewittergottes Indra entstandene Donnerkeil (vajra) symbolisiert in der Bildersprache des Mahāyāna das unzerstörbare Absolute. Der Doppelvajra (viśvavajra), der aus zwei gekreuzten Donnerkeilen besteht, deutet an, daß das Absolute in allen (viśva) Raumgegenden zu Hause ist. Der leere Mittelpunkt des Doppelvajra definiert das Absolute als die Leerheit (śūnyatā).

Der Versuch, das Absolute ahnbar zu machen, stellte die Mahāyānins vor sprachliche Probleme, denn da das Absolute = Leerheit »zeichenlos« (animitta), also mangels charakterisierender Eigenschaften »mit der Sprache nicht erfaßbar« (nirabhilapya) ist, galt es, zu seiner Darstellung neue Wege des Ausdrucks zu finden. Durch vier Definitionsweisen bemühen sich die Prajñāpāramitāsūtras, der Schwierigkeiten Herr zu werden. Sie beschreiben das Absolute 1. durch Negationen, 2. durch Synonyme, die seine Funktion für die Welt und 3. für die Buddhas und Bodhisattvas andeuten, sowie 4. durch Darlegung der Art und Weise, wie der Heilssucher es in sich verwirklichen kann.

अ

Die Bemühung, das Absolute durch Negationen zu definieren, führte im 4./5. Jahrhundert zur »Prajñāpāramitā in einem Buchstaben« (Ekākṣarā-Prajñāpāramitā), nämlich a. Durch Vorschaltung des Präfixes a- werden im Sanskrit affirmative Begriffe, die nach der Auffassung des Mahāyāna ja nur Unwesenhaftes bezeichnen, in Negierungen umgemünzt. Indem das a die vordergründigen Erscheinungen verneint, wird es selbst zum Symbol des Wesenhaften und Absoluten, der Leerheit.

1. Die negative oder besser: subtraktive Definition des Absoluten negiert die Qualitäten, die mit Absolutheit unvereinbar sind. So ist das Absolute, da neben ihm kein zweites Wesenhaftes existiert, »ohne Vielheit« (niṣprapañca) und »Nichtzweiheit« (advaya). Es ist »durch Wünsche unerreichbar« (apraṇihita) und »durch Tatabsichten nicht zu verwirklichen« (anabhisaṃskṛta). Mit anderen Worten: es kann nicht durch karmisches Tun realisiert werden, das ja stets nur zu saṃsārischen Zielen führt.

2. Positive Namen erhält das Absolute = Leerheit, wenn seine Funktion in der Welt aufgezeigt werden soll. In den Wesen und Dingen stellt es deren »wesenhaften Leib« (svabhāvakāya) dar, die »Wirklichkeit« (bhūtatā, yathāvattā) oder »Soheit« (tathatā); zuweilen finden sich auch die Bezeichnungen »Soheit des Wirklichen« (bhūtatathatā) und »Gipfel der Wirklichkeit« (bhūtakoṭi). In den Bedingten Dharmas (Daseinsfaktoren), die durch ihre Fluktuation die Welt bilden, in ihrer Vergänglichkeit aber zugleich die Möglichkeit ihrer Aufhebung und der Erlösung in sich tragen, ist das Absolute die »Dharmaheit« (dharmatā) und »Basis der (Natur-)Gesetzlichkeit« (dharmadhātu). Die Anhänger der Vijñānavāda-Schule betrachten es zudem als das »Speicher-« oder »Grundbewußtsein« (ālayavijñāna), das kollektive Sammelbecken der karmischen Eindrücke.

3. Etwas weniger abstrakt erscheint das Absolute, wenn es als der Wesenskern der Buddhas aufgefaßt wird. Hier ist es die »Buddhaheit« (buddhatā) oder »Buddhanatur« (buddhasvabhāva), die »Seinsmitte (wtl: der Mutterschoß) der Vollendeten« (tathāgatagarbha) und der »Dharmaleib« (dharmakāya), das heißt die reine, von Beilegungen freie Form, in der ein Buddha vor dem geistigen Auge des fortgeschrittenen Heilssuchers sichtbar wird.

4. Um das Absolute zu begreifen, muß man auf dem Wege zur Erlösung bereits vorangeschritten sein, denn das Absolute = Leerheit wird erst verständlich, wenn man die Lehrheits*haltung* entwickelt, nämlich den Geist von falschen Ideen gereinigt hat. So entsteht »Weisheits-Vollkommenheit« (prajñāpāramitā), die den Heilssucher (Bodhisattva) zu All-Wissenheit (sarvajñatā) befähigt. Zur Soheit (tathatā) gelangt (ā-gata), ist er dem Vollendeten (tathāgata) gleich geworden.

Die Begeisterung, mit der die Mahāyānins vom Absoluten (tattva) reden, und dessen wertpositiver Charakter könnten dazu verleiten, das Absolute doch als ein positiv Seiendes zu sehen. Die Prajñāpāramitā-Bücher machen deutlich, daß diese Auffassung abzulehnen ist; das Absolute: das Nirvāṇa, die Essenz der Gesetzlichkeit, die Soheit ist ein Nichtseiendes (abhāva), so heißt es (AP 12 p. 135). Diese Feststellung ist wichtig, denn Kritiker könnten behaupten, die Vertreter der Leerheitslehre hätten die Leerheit als Kontinuum an die Stelle des vom Buddha geleugneten Ichs gesetzt. Das Absolute = Leerheit ist im Mahāyāna weniger ein ontologischer Begriff, der das Wesen der Welt definiert, als ein pädagogischer, der den ins saṃsārische Leiden Verstrickten das Glück der Leidfreiheit im Loslassen ahnen läßt. Unter dem Namen des »Absoluten« wird der Freiheitszustand der Leerheit für den Heilssucher attraktiv. Wer das mahāyānische Absolute als ein Gut ansieht, der verhält sich wie der Mann, dem ein Ladenbesitzer erklärt hat, daß er nichts zu verkaufen habe, und der nun dieses »Nichts« erwerben und nach Hause trage möchte. Leerheit, richtig verstanden, kann niemals Objekt sein, da sie dann nicht mehr all-umgreifend und in allem vorhanden wäre.

Denkschritt Zwei: Im Absoluten sind alle Wesen identisch

Denkschritt Eins hat gezeigt, daß die Leerheit die Soheit, das heißt das Absolute der Welt und der Wesen ist und daß sie der Welt und den Wesen innewohnt. Denkschritt Zwei stellt fest, daß sie unteilbar ist:

> Die Soheit d(ies)er Dharmas ist die Soheit aller Dharmas und die Soheit der Vollendeten (d. h. Buddhas), denn die Soheit ist nur diese eine. Bei der Soheit gibt es keine Unterteilung (dvaidhīkara). Nur eine einzige Soheit gibt es, nicht zwei und nicht drei. Infolge ihrer Substanzlosigkeit (asattva) ist die Soheit über Zählung (d. h. Vielheit) erhaben. (AP 31,p. 253)

Das Absolute in jedem einzelnen Wesen vorhanden und dazu unteilbar, – diese Prämissen erzwingen den Schluß, daß alle Wesen im Absoluten identisch sind: Alles Leben ist im Grunde eins. Zwischen mir und dir bestehen Unterschiede lediglich in dem, was an uns karmisch bedingt, physisch, individuell und vergänglich, kurzum saṃsārisch ist; im Wesenhaften gibt es kein Ich, keine Individualität, sondern nur das allen gemeinsame Eine. – Mit diesem gedanklichen Schritt war die Lehre des Buddha zu einem Monismus geworden.

Die Idee der All-Identität wurde von vielen Buddhisten übernommen und war vom 1. Jahrhundert n. Chr. ab Gemeingut großer Teile der indischen Bevölkerung. Auch wer den Gedankengängen der Prajñāpāramitāsūtras nicht folgen konnte, hatte das All-Einheitserlebnis und verstand, daß alles, was er einem anderen antat, im Grunde ihn selbst betraf, und daß der Einsatz für die Erlösung anderer zugleich Selbsthilfe ist. Das hīnayānische Ideal des Heiligen, der sich selber erlöst hat, verblaßte neben dem neuen mahāyānischen Leitbild des Bodhisattva, der die Erlösung anderer für ebenso wichtig hält wie die eigene:

> Der Bodhisattva ... soll in bezug auf alle Wesen die Idee entwikkeln: ›(Dies ist meine) Mutter, (mein) Vater, (mein) Sohn, (meine) Tochter, ja (dies bin) ich selbst. Wie ich selbst von allen

Leiden gänzlich frei sein möchte, so möchten alle Wesen ... frei sein.‹ (AP 1,p. 14)

Aus dem monistischen All-Einheitserlebnis und dem Bodhisattva-Ideal erklärt sich die Gefühlswärme, die den Mahāyāna-Buddhismus auszeichnet und ihm Verbreitung über Indien hinaus auf dem ganzen asiatischen Kontinent verschafft hat.

Denkschritt Drei: Das Absolute ist Erlösung und Buddhaheit

Es liegt auf der Hand, daß das Absolute, das als Leerheit in jedem und allem »vorhanden« ist, zugleich die Erlösung darstellt. Die Worte »Absolutes« (tattva), »Leerheit« (śūnyatā) und »Verlöschen« (nirvāṇa) sind austauschbar. Je weniger Saṃsārisches ein Mensch an sich hat, umso deutlicher wird das Absolute in ihm erkennbar. Wenn er sich schließlich vom Zwang zur Wiedergeburt befreit und die von altem Karman bedingten individualisierenden Beilegungen abgetan hat, bleibt nur noch das reine Absolute = Leerheit = Nirvāṇa. In sprachlicher Vereinfachung pflegt man zu sagen, er sei »ins Nirvāṇa eingegangen«. In Wahrheit hat sich das, was an ihm zeitlich war, in (oder: zu) Leerheit aufgelöst. Vom Erlösten sprechen heißt, von der Leerheit reden.

Das Absolute ist Erlösung – und es ist auch Buddhaheit (buddhatā). Mit dem Absoluten in ihm selbst besitzt jeder die Qualität, die den Vollendeten ausmacht und ist im Kern ein Buddha. Was den Buddha vom Weltling unterscheidet, ist, daß der Buddha sich seiner Buddhanatur bewußt ist, während der Weltling von seiner Buddha-Natur nichts ahnt.

Der Hīnayāna-Buddhismus hatte betont, daß jeder sich die Erlösung zu erarbeiten hat und es strenger Selbstdisziplin bedarf, sie zu verwirklichen. Der Mahāyāna-Buddhismus behauptet dagegen, daß wir die Erlösung bereits besitzen. In dem, was unser gemeinsames Wesenhaftes ausmacht, nämlich in dem uns allen innewohnenden Absoluten, trägt jeder die Erlöstheit in sich: Wir *sind* erlöst, aber wir sind uns dessen nicht bewußt. Wir sind Besitzer eines Schatzes, von dem wir aus Unkenntnis keinen Gebrauch machen. Wir gleichen dem Reisenden, der in der Ferne in finanzielle Not geriet – aus Unwissenheit. Denn ein Freund, bei dem er einst zu Gast war, hatte ihm, als er schlief, als Notreserve für die Weiterreise einen Edelstein in den Kleidersaum geknüpft, nur hatte er keine Möglichkeit gehabt, es ihm zu sagen (SP 8,p. 134).

Denkschritt Vier: Weisheit befreit

Wir alle besitzen das Absolute = Erlöstheit in uns selbst, aber die Mehrheit der Menschen lebt in Unkenntnis dessen und handelt so, daß sie der Wiedergeburt unterworfen bleibt. Gier, Haß und Verblendung oder Unwissenheit (avidyā), das hatte der historische Buddha dargelegt, sind die Stricke, die die Wesen an den Wiedergeburtenkreislauf binden und sie zwingen, Leiden zu ertragen. Zur Befreiung aus dem Saṃsāra gilt es, Gier und Haß zu vernichten und Wissen (vidyā, jñāna) zu entwickeln.

Der Mahāyāna-Buddhismus schätzt den Wert des Wissens geringer ein. Wissen (jñāna), so erklärt er, ist lediglich brauchbar, vordergründige Wahrheit aufzunehmen, denn als Sache des Verstandes benutzt es Begriffe, die dem Erfahrungsbereich des Saṃsāra angehören. Da es sich zudem auf Urteile wie falsch und richtig, ja und nein, für und wider stützt, arbeitet es mit Ausschließungen und erfaßt folglich nur Bruchstücke der Wirklichkeit. Zur Aufnahme von Inhalten jenseits der saṃsārischen Sphäre ist das Wissen außerstande und daher ungeeignet, zur befreienden Erkenntnis des Absoluten, zur Leerheit und Erlösung durchzustoßen.

Das Absolute, so fährt das Mahāyāna fort, ist, da in allem enthalten, auch in den Gegensatzpaaren vorhanden und kann deshalb nur durch transzendierende, alles umgreifende Weisheit (prajñā) erfahren werden. Weisheit ist überrational und greift als intuitives Einswerden mit der Wirklichkeit über den Bereich der Logik hinaus in die absolute Wahrheit. Sobald jemand durchschaut, daß die leidhafte Individualität nur der Phänomenwelt angehört, und sobald er seine wesenhafte Erlöstheit durch Weisheit erlebt, ist er dem Wiedergeburtenkreislauf entronnen.

Der befreienden Weisheit (prajñā) oder Weisheits-Vollkommenheit (prajñāpāramitā) widmet die Prajñāpāramitā-Literatur Hunderte von Seiten – nicht zuletzt mit der Absicht, durch Preisung der

Weisheits-*Tugend* die Bedeutung der Prajñāpāramitā-*Bücher* hervorzuheben. Drei Aussagengruppen zur Weisheits-Vollkommenheit lassen sich unterscheiden: 1. Was Weisheit ist, 2. was sie bewirkt und 3. wovor sie schützt.

1. Definitionen der Weisheits-Vollkommenheit sind in den Quellentexten relativ rar – verständlicherweise. Denn die Weisheits-Vollkommenheit kann weder mit den Begriffen des Alltagsdenkens erfaßt noch außerhalb ihrer dargelegt werden (AP 7, p. 89): Mit dem Geist (citta) ist sie nicht realisierbar (AP 8, p. 96). Sie ist ein Zustand der Allwissenheit (sarvajñatva) (AP 7, p. 86), der Einblick gibt in das Denken und Tun aller Wesen (AP 4, p. 51) und in die Wesensnatur (dharmatā) der Dinge (AP 12, p. 136). Da sie allein die Leerheit zum Inhalt hat, besitzt sie auch die Eigenschaften oder besser: Nichteigenschaften der Leerheit (AP 9, p. 102f.) und ist jenseits der Dualität der Gegensätze (AP 9, p. 102). Sie befähigt dazu, die Wesen (als Erscheinungen) für wirklich zu nehmen und sich dennoch bewußt zu sein, daß sie als Individuen nicht (wesenhaft) existieren (AP 1, p. 3).

2. Als Einblick in die wahre Natur der Wesen (AP 12, p. 126) ist die Weisheits-Vollkommenheit die Voraussetzung der Erleuchtung (bodhi) (AP 3, p. 31) und die Quelle der Allwissenheit der Buddhas (AP 11, p. 123). Sie ist die Unterweiserin für die Vollendeten, Heiligen und Vollerleuchteten in dieser Welt (AP 12, p. 137): die Mutter und Gebärerin aller Buddhas (AP 12, p. 125) und nährt sie mit Allwissenheit (AP 28, p. 228).

Die Heilswirkung der Weisheits-Vollkommenheit übertrifft die aller anderen Tugenden. Von den Sechs Vollkommenheiten (pāramitā) eines Bodhisattva – Gebewilligkeit, Selbstzucht, Geduld, Willensstärke, Meditation und Weisheit – ist sie die höchste; mit ihr wird der Erlösungssucher der anderen fünf Vollkommenheiten teilhaftig (AP 3, p. 40). Überdies führt sie zu Freundlichkeit und Mitleid gegenüber allen Wesen (AP 3, p. 38). Ein Erlösungssucher, der aufgrund seines noch nicht abgegoltenen Karman Wiedergeburt zu erwarten hat und an die Weisheits-Vollkommenheit glaubt, wird als Mensch wiedergeboren (AP 14, p. 142), also in einer Existenzsphäre, die höhere Erlösungschancen bietet als die

Daseinsformen der Götter, Titanen, Geister, Tiere und Höllenwesen. Weisheit führt schneller zum Nirvāṇa als andere Erlösungswege (AP 13, p. 141).

3. Zudem wirkt sie als Abwehr. Sie schützt gegen die Angriffe des Dämons und Versuchers Māra, gegen böse Geister, gewaltsamen Tod sowie Verletzungen durch Schwert, Knüppel und Wurfgeschosse (AP 3, p. 25). Des weiteren macht sie gegen Krankheiten der Sinnesorgane und des Körpers immun (AP 9, p. 100).

Da es einfacher ist, die Weisheit zu verehren als sie zu entwickeln, galt dem Buch der Weisheits-Vollkommenheit (Prajñāpāramitā) schon in früh-mahāyānischer Zeit ein Kult (pūjā) (AP 3, p. 29), dessen Erlösungseffekt höher veranschlagt wurde als der von Reliquien- und Stūpaverehrung. Im 8. Jahrhundert schließlich erhob der Volksglaube die Prajñāpāramitā, die ja als »Mutter aller Buddhas« beschrieben worden war, zu einem weiblichen Transzendenten Bodhisattva, dem man Verehrung erweisen und den man um Erlösungsbeistand anrufen konnte.

Die Natur der Dingwelt

Neben dem Themenkreis »empirisches Individuum«, der die Leerheit = das Absolute = die Erlöstheit = die Buddhanatur der Person untersucht, steht der Themenkreis »Welt der Dinge«, der die Beschaffenheit der unbelebten Gegenstände betrachtet. Auch die Dingwelt ist ein Inhalt der Weisheits-Vollkommenheit. Ohne Erkenntnis der Welt »wie sie wirklich beschaffen ist« (yathā bhūta), läßt sich die Befreiung aus dem Wiedergeburtenkreislauf nicht verwirklichen.

Die Welt der Dinge besteht, unkritisch gesehen, aus den Objekten, die sich unseren Wahrnehmungssinnen darbieten, philosophisch betrachtet aus den Daseinsfaktoren, die durch ihre Zusammenschlüsse und Fluktuation die empirischen Dinge darstellen. Verwirrung entsteht häufig dadurch, daß die empirischen Dinge im Sanskrit mit demselben Wort »dharma« bezeichnet werden wie die Daseinsfaktoren, aus denen sie bestehen. Manche Stellen verwenden das Wort Dharma mit Absicht doppeldeutig.

1. Der Begriff »Ding« (dharma) ist im Buddhismus geprägt von der Wahnehmungstheorie, die der historische Buddha mehrfach umrissen hatte (z. B. S 35, 23). Ihr zufolge besitzt der Mensch nicht fünf Sinne, sondern sechs: Auge, Ohr, Nase, Zunge, Tastsinn und Denken. Die erstgenannten fünf liefern als Wahrnehmungssinne durch ihre Kontakte mit der Außenwelt die Wahrnehmungsdaten, das Denken (manas) setzt diese zu Eindrücken zusammen: zu Dharmas, das heißt »Dingen«, »Objekten« oder »Sachverhalten«. Was wir als Widerspiegelung der Außenwelt im Kopf tragen und »Dinge« nennen, sind subjektive Realitäten, deren Beschaffenheit davon abhängt, ob unsere Sinnesorgane verläßlich arbeiten und unser Denken die Signale korrekt zu Bildern kombiniert.

Die Subjektivität der empirischen Dinge, der Umstand, daß sie »von der Vorstellung hervorgebracht« (kalpanā viṭhapita) sind (AP 6, p. 82), ist der Grund dafür, daß ihnen die »Eigennatur« (svabhāvatā) fehlt. Wie in der Person kein Ich, keine Seele als bleibendes Etwas zu finden ist, so ist in den Dingen keine Eigennatur zu entdecken: »Ohne Selbst« (anātma) und »ohne Eigennatur« (asvabhāva) besagen das gleiche. »Allen *Dingen* ist *Nichtselbstheit* eigen«, so heißt es (AP 9, p. 102).

Das Fehlen einer Eigennatur in den Dingen führt zu der Feststellung der Texte, daß die Dinge »ungeboren, unentstanden, nicht geworden und nicht vergangen sind und daß kein (wahrhaftes) Ding in der Vergangenheit, Zukunft oder Gegenwart entsteht oder vergeht« (AP 6, p. 82). Gemeint ist, daß die Dinge, da ohne Eigennatur, nur als subjektive, nicht als objektive Realitäten existieren, bei denen man mit Fug und Recht von einem Entstehen und Vergehen sprechen könnte:

> Das Fehlen einer Eigennatur in allen Dingen ist (gleichbedeutend) mit ihrem Nichtentstandensein. (AP 1, p. 13)

Analog zur empirischen Person, die »leer« (śūnya) ist, weil ihr die Seele fehlt, sind die empirischen Dinge »leer«, weil sie ohne Eigennatur sind.

> *Subhūti:* Der Erhabene hat gelehrt, daß alle Dinge und alle Denktätigkeiten bar einer Eigennatur (svabhāvena virahita) und leer sind ...

Der Erhabene: Wenn ein Bodhisattva (Erlösungssucher)... denkt: ›Alle Dinge sind ihrer Eigennatur[1] nach isoliert, alle Dinge sind ihrer Eigennatur nach leer‹, ... dann hegt er Gedanken, die an Weisheits-Vollkommenheit und Allwissenheit angrenzen.

(AP 22,p. 201)

»Isoliert« oder »separat« (vivikta) bedeutet, daß die Dinge sich empirisch als verschieden darstellen, »leer« heißt, daß sie in ihrer Nichteigennatur (asvabhāvatā) – die man auch als ihre Eigennatur bezeichnen kann – identisch sind. In ihrer Isoliert- und Verschiedenheit sind die Dinge diesseitig, in ihrer Leerheit sind sie ununterschieden und jenseitig (pāram). Der Heilssucher, der sich der Erkenntnis der Leerheit widmet, hat dadurch die Möglichkeit, sie von innen heraus zu erkennen:

Subhūti: ... Alle Dinge sind jenseitig, just dadurch werden die Dinge von den Bodhisattvas ... erkannt. Und warum? –: Weil es dort (im Jenseitigen) keinerlei Verschiedenheit (vikalpa) gibt.

Der Erhabene: So ist es, Subhūti, so ist es. Was jenseitig ist, dort gibt es keinerlei Verschiedenheit. Durch ihre Nichtverschiedenheit werden alle Dinge von den Bodhisattvas erkannt.

(AP 15, p. 147)

Der Bodhisattva verweilt nicht in der Betrachtung der erscheinungshaften Vielheit der Dinge, sondern stößt in seinem Denken und in der Meditation zum Eigentlichen vor.

Die angeführte Stelle könnte durch den Ausdruck »jenseitig« (pāram) den Eindruck erwecken, das (diesseitige) Erscheinungshafte und das (jenseitige) Wesenhafte seien getrennte Bereiche. Das anzunehmen wäre jedoch ein Fehler.

Ganzheitliche Erkenntnis durch Weisheit (prajñā) macht deutlich, daß Erscheinung und wahres (Nicht)wesen der Dinge untrennbar sind: Saṃsāra und Nirvāṇa sind eins wie die beiden Seiten einer Münze. Eine tantrayānische Schule des 8. Jahrhunderts

1 Paradoxe Wortanwendung. Gemeint ist: Die Dinge sind ohne Eigennatur (asvabhāva) und somit leer; ihre Isoliertheit, ihr Leersein macht ihre Eigennatur (svabhāva), d.h. ihr Wesen aus.

findet dafür den Ausdruck »zusammengeboren« oder »verzwillingt« (sahaja).

2. »Dharmas« heißen, wie erwähnt, auch die »Daseinsfaktoren«, die durch ihre Kombinationen und ihr Zusammenspiel die empirischen Dinge darstellen. Die Prajñāpāramitā-Bücher übernahmen die Dharma-Theorie nicht in der Version der Theravādins, sondern in der Auffassungsweise der Sarvāstivādins (s. o. S. 20). Entsprechend deren Überzeugung, daß die Dharmas = Daseinsfaktoren nicht entstehen, sondern *sind* und lediglich von der Latenz (nirīhakatā) in die Aktivität und wieder zurück wechseln, nehmen die Mahāyānins die Natur der Dharmas als überzeitlich oder zeitlos an:

> Die Artnatur (dharmatā) der Dharmas ist nicht vergangen, zukünftig oder gegenwärtig. Was nicht vergangen, zukünftig oder gegenwärtig ist, das ist frei von den drei Zeiten. Was frei von den drei Zeiten ist, das kann man nicht umgestalten (oder: beeinflussen), nicht mit Kennzeichen versehen und nicht zur Grundlage machen: Es ist nicht zu sehen, zu hören, zu denken und zu begreifen. (AP 8, p. 95)

Aus der Überzeitlichkeit der Dharmas ergibt sich, daß sie »weder entstanden noch vergangen, weder verunreinigt noch aufgehoben sind« (AP 9, p. 101). Der Vollendete durchschaut sie als »nichtgemacht, nicht-ungemacht und karmisch nichtbedingt (anabhisaṃskṛta)« (AP 12, p. 136).

Die Feststellung, die Dharmas seien »nicht zu sehen, zu hören, zu denken und zu begreifen«, gilt freilich nur so lange, wie sie sich im Latenzzustand befinden:

> Alle Dharmas, (solange sie) nicht zur Aktivität imstande (sind), sind unerkennbar und unsichtbar. ... Denn alle Dharmas, (wenn) inaktiv (nirīhaka), sind nicht zu erfassen, sind inaktiv wie der Raum. ... Alle Dharmas, da (d. h. solange) sie sich im Zustand des Nichtseins befinden, sind unauffindbar.
> (AP 28, p. 230)

Anders wird das, wenn sie vom Ruhezustand zur Aktivität überwechseln. Mehrere aktive Dharmas kombinieren sich dann zu den zeitlichen Erscheinungen, die wir als »Dinge« auffassen und erleben. Wie Musik dadurch entsteht, daß die verschiedenen Teile einer Vīnā (Laute), der Spieler und dessen Bemühungen zusammenwirken (AP 31, p. 254), so entstehen aus Dharmas die empirischen »Dinge«.

Ist die Welt real?

Daß die empirischen Dinge aus Dharmas (Daseinsfaktoren) bestehen und daß sowohl die Dinge als auch die Dharmas »leer« sind, wirft die Frage nach der Wirklichkeit der Dinge auf. Ist die Welt, die wir wahrnehmen, Realität oder ist sie Illusion (māyā)? Sind die empirischen Dinge vorhanden oder bilden wir sie uns nur ein?

Auf keinen Fall ist aus der Feststellung, daß die Dinge leer sind, zu folgern, daß sie nicht existent seien. »Leer« (śūnya) bedeutet, daß die so bezeichnete Sache ohne Ich und Eigennatur und als Phänomen vergänglich ist, impliziert im mahāyānischen Denken aber zugleich, daß sie im Kern »Leerheit« (śūnyatā) und insoweit mit dem Absoluten identisch ist. Es wäre gegen die mahāyānische Logik, den Objekten, die Leerheit = Absolutes sind, die Realität abzusprechen.

Der philosophische Realitätsbeweis wird gestützt durch die subjektivistische Weltauffassung des Buddhismus. Die uns von Auge, Ohr, Nase, Zunge, Tastsinn und Denken gelieferten Eindrücke von der Welt sind zwar subjektiv, aber gleichwohl Realitäten, mit denen jeder ernsthaft zu tun hat und mit denen er fertig werden muß. Schon der historische Buddha hatte erklärt, daß alles *ist* (also wirklich sei), das sei das eine Extrem; daß alles *nicht* ist (also unwirklich sei), das sei das andere Extrem: die richtige Auffassung liege zwischen diesen beiden Polen in der Mitte (S 12, 15).

Der Mahāyāna-Buddhismus hat diese Weltauffassung übernommen. Die Dinge und die Welt sind real als das Abbild, das sich in unseren Köpfen reflektiert. Sie sind aber nicht unbedingt real, *wie* sie sich uns darstellen, da die Sinne uns eventuell verzerrte Eindrücke der Außenwelt liefern.

Der Erhabene: ... Die Dinge existieren nicht so, wie dumme, ungebildete Dutzendmenschen sie aufzufassen gewöhnt sind.

Śāriputra: Wie denn existieren sie?

Der Erhabene: Wie sie nicht (in Wahrheit) existieren, so existieren sie (für den Dutzendmenschen). Da sie so (wie sie ihm erscheinen) nicht existieren, werden sie (das Ergebnis von) Unwissenheit (avidyā) genannt. Dumme, ungebildete Dutzendmenschen sind gewöhnt, sie so aufzufassen: sie konstruieren sich all die nichtexistenten Dinge. (AP 1, p. 8)

Die empirischen Dinge sind zwar vorhanden, sind jedoch anders beschaffen als der »unwissende Dutzendmensch« annimmt. Naiv wie er ist, hält er das Mosaik, das er sich im Kopf aus Sinneseindrücken zusammensetzt, für die Dinge selbst und erkennt nicht, daß er ein Denkkonstrukt (kalpita) für die Wirklichkeit nimmt.

Die Idee vom Schein (māyā), der nicht nicht ist, aber nicht das ist, was er vorgaukelt, wird illustriert durch eine Episode der Aṣṭasāhasrikā-Prajñāpāramitā. Der Buddhajünger Subhūti hat dort den Gott Śakra (= Indra oder Kauśika) belehrt, und Śakra möchte sich auf traditionell indische Weise dafür bedanken. Er zaubert darum Blumenblüten hervor und streut sie über Subhūti aus. Dieser durchschaut: »Diese Blüten sind erzaubert, sie stammen weder von einem Baum noch von einem Busch oder einer Ranke. Diese Blüten sind ... aus Geist gemacht« (manomaya). Śakra bestätigt sogleich, daß die Blüten nicht echt sind (AP 2, p. 21). – Das Zauberphänomen ist empirisch real, sonst hätte Subhūti die Blüten nicht wahrnehmen können, nur sind die Blüten keine wirklichen Blüten.

Einige Sekundärwerke zum Mahāyāna glauben, die Irrealität der Dinge und der Welt aus den Vergleichen der Texte herauslesen zu können – zu Unrecht. Die wiederholten Beteuerungen der Weisheitsbücher, die Dinge seien wie eine Illusion, ein Traum, ein Echo oder eine Spiegelung (AP 30, p. 239), belegen nur, daß die Dinge nicht das sind, als was der ungeschulte Betrachter sie auffaßt. Die Illusion ist real, nicht real aber sind die geträumten Dinge. Weder der Schlafende noch der Erwachte wird die Realität von Träumen leugnen. Aber während der Schlafende von seinen Traumbildern betört oder geängstigt wird, hat der Erwachte den Scheincharakter der Traum*inhalte* erkannt. Das Mahāyāna hält fest an der Auffassung des Buddha, daß die Wirklichkeit der Welt zwischen Sein und Nichtsein in der Mitte liegt.

Paradoxie und Doppelte Wahrheit

Die Erkenntnis der Leerheit an andere weiterzugeben, stellte die Vertreter der Leerheitsphilosophie vor eine schwierige Aufgabe. Wohl wissend, daß das Absolute sprachlich nicht zu erfassen (anabhilapya) und nicht mitteilbar (anirvacana) ist, mußten sie dennoch versuchen, dieses Nichtgreifbare begreiflich zu machen. Negativistisch und doppelwertig wie die Leerheit selbst war deshalb auch die Sprache ihrer Darleger. Sie redeten in widersprüchlichen Aussagen ohne sich zu widersprechen und kleideten ihre Botschaft oft ins Gewand des Paradoxen. So erklärte Subhūti den »Göttersöhnen« den Inhalt der Buddhalehre mit den Worten:

> (Da) gibt es nichts zu verstehen, gar nichts zu verstehen. Denn da ist nichts verkündet, nichts dargelegt. (AP 2, p. 19)

Die Angesprochenen, die nicht begriffen, daß mit »nichts« auf die Leerheit als Inhalt der Lehre angespielt wird, reagierten mit Unverständnis, weshalb Subhūti fortfuhr:

> Wie Schein (māyā) sind jene Wesen, (die die Erlösung suchen), wie ein Traum. Denn Schein und die Wesen sind eins, nicht zweierlei; Traum und die Wesen sind eins, nicht zweierlei. Alle Dinge (dharma) sind wie Schein, wie ein Traum. Sogar der In-den-Strom-Eingetretene[1] ..., der Einmalwiederkehrer ..., der Nichtwiederkehrer ..., der Heilige ..., der Für-sich-Buddha ...,

1 *In den Strom eingetreten* ist, wer nicht mehr unterhalb der menschlichen Ebene wiedergeboren werden kann. Dem *Einmalwiederkehrer* steht bis zum Nirvāṇa nur noch eine Wiedergeburt als Mensch, dem *Nichtmehrwiederkehrer* eine in der Himmelswelt bevor. Der *Heilige* ist von Wiedergeburt frei.
Über diesen »Vier Edlen Personen«, die ihren Heilsrang der Belehrung verdanken, stehen die beiden Arten von Buddhas. Ein *Für-sich-Buddha* oder *Privatbuddha* ist derjenige, der die Erleuchtung selbst gefunden hat, die Lehre aber nicht verkündet. Der *Vollkommene Buddha* ist darüber hinaus auch ein Lehrer.

der Vollkommene Buddha ..., (sie alle) sind wie Schein, wie ein Traum.

Die Götter: Auch der Vollkommene Buddha, edler Subhūti, ist, wie du sagst, wie Schein, wie ein Traum? Auch die Vollkommene Buddhaschaft ist, wie du sagst, wie Schein, wie ein Traum?

Subhūti: Sogar Nirvāṇa ist wie Schein, wie ein Traum, so sage ich; wieviel mehr jeder andere Dharma!

Die Götter: Auch Nirvāṇa, edler Subhūti, ist, wie du sagst, wie Schein, wie ein Traum?

Subhūti: Selbst wenn es noch einen höheren Dharma gäbe als Nirvāṇa, auch von ihm würde ich sagen, er ist wie Schein, wie ein Traum. Denn Schein und Nirvāṇa sind eins, nicht zweierlei, Traum und Nirvāṇa sind eins, nicht zweierlei. (AP 2, p. 20)

Auf die Frage einiger Hörer, wer diese Vollkommene Weisheit zu begreifen imstande sei, erwiderte Ānanda: Fortgeschrittene Bodhisattvas, Leute mit richtiger Ansicht und Heilige. Subhūti aber korrigierte ihn:

Für die so dargelegte Weisheits-Vollkommenheit gibt es keinen, der sie sucht. Und warum? –: Weil hier keine Lehre (dharma) verkündet, erhellt oder erläutert worden ist. (AP 2, p. 21)

Für den Kenner der Leerheitsphilosophie redet Subhūti durchaus verständlich. Indem er von der Buddhalehre als inhaltslos spricht, zeigt er die Non-Entität (asat) des Absoluten = Leerheit auf, die ihren Inhalt ausmacht. Indem er Buddhaschaft und Nirvāṇa dem Schein gleichsetzt, deutet er an, daß diese Ziele nur von Nutzen sind für die Unwissenden, die von ihrer wesenhaften Erlöstheit nichts ahnen und noch religiöser Ideale bedürfen. Und indem er den Sucher der Weisheits-Vollkommenheit nichtexistent nennt, macht er klar, daß hier ein bloß empirisches Wesen einer Weisheit nachjagt, die aufgrund der Negativität ihres Inhalts keine Lehre darstellt. – Ob diese Ausführungen geeignet waren, die »Göttersöhne« zu überzeugen, ist freilich zu bezweifeln.

Eine besondere Art des Paradoxons ergibt sich durch die Anwendung der Doppelten oder Zweistufigen Wahrheit (satyadvaya), die als Ausdrucksmittel von den hīnayānischen Scholastikern entwikkelt und vom Mahāyāna-Buddhismus zur Perfektion gebracht worden ist. In konventioneller, wörtlich »verhüllter Wahrheit« (saṃvṛtti satya), bewegt sich die Umgangssprache, die von empirischen Dingen und ihrer Verschiedenheit handelt; sie ist die Sprache der Alltagsvernunft. Die »Wahrheit im höchsten Sinne« (paramārtha satya) hingegen spricht von der Einsheit und Ununterschiedenheit aller Wesen und Dinge im Absoluten; sie ist die Sprache der transzendenten Erkenntnis. Weisheit hat beide Wahrheiten ganzheitlich zu umfassen und bedient sich deshalb häufig des Paradoxons.

Paradoxe Ausdrucksweise benutzen die Prajñāpāramita-Bücher zum Beispiel bei der Beschreibung des Bodhisattva, der ein Leben in der Ambivalenz der Doppelten Wahrheit führt. Er hat nach der konventionellen Wahrheit zu handeln, aber nach der Wahrheit im höchsten Sinne zu denken, denn er muß das Leiden der Wesen für real nehmen und sich für sie einsetzen obwohl er weiß, daß sie im Kern erlöst sind:

> *Der Erhabene:* Da denkt ein Bodhisattva, Mahāsattva: »Unendlich viele, zahllose Wesen sollen von mir ins Parinirvāṇa (d. h. ins totale Erlöschen) geführt werden, und doch gibt es weder solche, die ins Parinirvāṇa führen, noch jene, die ins Parinirvāṇa geführt werden.« (Denn) wieviele Wesen auch immer er zum Parinirvāṇa geführt hat – es gibt kein »Wesen«, das ins Parinirvāṇa eingegangen ist, noch jemanden, der es dorthin geführt hätte.
>
> (AP 1, p. 10)

Durch sein Mitleid bewogen, den Wesen zu helfen, durchschaut der Bodhisattva sie zugleich als leere Phänomene, die keiner Erlösung bedürfen, weil ihre Leerheit die Erlöstheit *ist*. Das Springen von der einen zur anderen Wahrheitsebene schafft das, was man als Paradoxon empfindet.

Paradoxe Sprechweise verwendet der (transzendente) Buddha auch in einem Gespräch mit Subhūti. Die Paradoxität dieser Stelle beruht darauf, daß die Leerheit der Dinge es erlaubt, in einem

Atemzug von ihrer Natur (prakṛti) und ihrer Nichtnatur (aprakṛti) zu reden: Auf die Leerheit treffen beide Bezeichnungen zu.

Der Erhabene: Eben durch ihre Natur, Subhūti, sind jene Dinge nichts (na kiṃcit). Ihre Natur ist Nichtnatur, und ihre Nichtnatur ist ihre Natur, weil alle Dinge nur *ein* Kennzeichen (lakṣaṇa) besitzen, nämlich das Nichtkennzeichen. ... Und warum? –: Es gibt keine zwei Naturen der Dinge, Subhūti, alle Dinge haben nur eine Natur: Die Natur aller Dinge ist ihre Nichtnatur, und ihre Nichtnatur ist ihre Natur.

(AP 8, p. 96)

Ein Text zur Leerheitsphilosophie: Das »Herz-Sūtra«

Das »Herz-Sūtra der Transzendenten Weisheit« ist zwischen dem 3. und 5. Jahrhundert entstanden. Es ist eine Zusammenfassung der Hauptanschauungen der Prajñāpāramitā-Bücher: Das »Herz« der mahāyānischen Weisheitslehren.

Der zentrale Begriff des Sūtra ist die »Leerheit« (śūnyatā), die im Mahāyāna die Nicht-Ichheit und damit Unbeständigkeit der empirischen Person oder Sache und zugleich deren essentielle Absolutheit ausdrückt. Sätze wie: »Die Wesen sind nichts als Leerheit« (denn sie sind nur saṃsārische Erscheinungen), und: »Die Wesen sind Leerheit« (denn in ihnen verkörpert sich das Absolute) besagen Gegensätzliches, stehen aber nicht im Widerspruch zueinander.

Das Herz-Sūtra der Transzendenten Weisheit (Prajñāpāramitāhṛdayasūtra) – Kürzere Fassung[1]

1. Oṃ, Verehrung der erhabenen, edlen Transzendenten Weisheit!

Kommentar (des Übersetzers): Die Silbe »Oṃ« symbolisiert den Anfang und leitet Texte des Hinduismus und des Mahāyāna-Buddhismus ein. Die Prajñāpāramitā wird in diesem Abschnitt

1 Benutzte Sanskritausgabe: E. Conze: Thirty Years of Buddhist Studies. London 1967, p. 148 ff.

abstrakt als Transzendente Weisheit und zugleich als heiliges Buch angesprochen.

2. Während der edle Bodhisattva Avalokiteśvara der tiefen Übung der Transzendenten Weisheit nachging, schaute er herab (auf die leidenden Wesen). Er sah (kein »Wesen«, sondern) die Fünf Gruppen (welche die empirische Person ausmachen) und (erkannte) diese als ihrer eigenen Natur nach leer.

K: Avalokiteśvara ist der transzendente Bodhisattva, in dem die Tugend des Mitleids am reinsten verkörpert ist. Sein Name bedeutet: »Der Herr, der herabschaut« auf das Leiden in der Welt. Der Abschnitt enthält ein Wortspiel mit dem Namen.

Die »Fünf Gruppen« (skandha) sind: Körper, Empfindung, Wahrnehmung, Geistesregungen und Bewußtsein. Sie sind die Konstituenten, welche die empirische Person darstellen. Wo der Weltmensch eine »Person« sieht, erkennt der Bodhisattva infolge seiner analytischen Weisheit die Fünf Gruppen. Zugleich durchschaut er, daß sie weder einzeln noch in ihrer Gesamtheit ein Ich, eine den Tod überdauernde Seele enthalten: Sie sind leer (śūnya).

3. Hier (in der Transzendenten Weisheit), Śāriputra, ist Körper Leerheit und ebendiese Leerheit Körper; Leerheit ist nicht vom Körper getrennt, der Körper ist nicht von Leerheit getrennt. Was Körper ist, ist Leerheit, was Leerheit ist, ist Körper. So auch (verhält es sich mit) Empfindung, Wahrnehmung, Geistesregungen (und) Bewußtsein.

K: Śāriputra ist der Name eines Hauptjüngers des Buddha Gautama. Ihm wird scharfer analytischer Verstand nachgerühmt.

Daß die Fünf Gruppen »leer« sind (von einem Ich oder Selbst), hatte Strophe 2 verdeutlicht, Strophe 3 erklärt sie darüber hinaus als »Leerheit« und setzt sie insoweit mit dem Absoluten gleich. Entsprechend hat die Leerheit teil an den Fünf Gruppen, da sie ja in ihnen enthalten ist.

4. Hier (in der Transzendenten Weisheit), Śāriputra, sind alle Daseinsfaktoren (dharma) durch Leerheit gekennzeichnet; sie sind weder entstanden noch aufgehoben, weder unrein noch rein, weder unvollkommen noch vollkommen.

K: Die Daseinsfaktoren (Dharmas) sind die Aufbauelemente alles Daseienden. Das fließende Mit- und Hintereinander aktiver Dharmas stellt das dar, was wir »Person« und Welt« nennen.

Dieser Fluktuationsprozeß ist nur möglich, weil die Dharmas leer und somit fluktuabel sind. Gleichzeitig sind sie in ihrer Leerheit mit dem Absoluten identisch. Die Doppelwertigkeit der Leerheit trifft deshalb auch auf die Dharmas zu und macht es unmöglich, sie eindeutig zu beschreiben: Sie sind *weder* entstanden, unrein und unvollkommen, *noch* das Gegenteil davon.

5. Darum, Śāriputra, gibt es (für jemanden, der) in der Leerheit (geistig feststeht) a) keinen Körper, keine Empfindung, keine Wahrnehmung, keine Geistesregungen, kein Bewußtsein; b) kein Auge, kein Ohr, keine Nase, keine Zunge, keinen Körper, kein Denken; c) keine Form, keinen Ton, keinen Geruch, keinen Geschmack, keine Tastempfindung, keine Denkinhalte; d) keine Sichtelemente (usw.) bis: kein Element des Denkbewußtseins; e) keine Unwissenheit, keine Vernichtung der Unwissenheit (usw.) bis: kein Alter und Tod, keine Vernichtung von Alter und Tod; f) kein Leiden, keine Entstehung (des Leidens), keine Aufhebung (des Leidens), keinen Weg (zur Aufhebung des Leidens); g) kein Wissen; h) keine Erlangung, keine Nichterlangung.

K: Wer die Transzendente Weisheit entwickelt und die Leerheit erschaut hat, der sieht in allem nur noch sie. Weder a) die »Fünf Gruppen« noch b) die Sechs Sinnesorgane, weder c) die Sinnesobjekte noch d) die Sinnesfähigkeiten binden ihn an den Saṃsāra. Die e) Zwölf Glieder des Konditionalnexus (pratītyasamutpāda) und deren Aufhebung sind ihm gleichgültig geworden. Nicht einmal f) die Vier Wahrheiten des Buddha bedeuten ihm etwas, denn bloßes g) Wissen hat er durch ganzheitliche Weisheit überwunden. Die h) Erlangung (der Erlösung) interessiert ihn nicht mehr, da er weiß, daß es nichts zu erlangen gibt; Nichterlangung trifft für ihn nicht zu, da er in der Leerheit = dem Absoluten = der Erlösung alles besitzt.

6. Weil, Śāriputra, ein Bodhisattva, wenn er sich der Transzendenten Weisheit bedient, nichts erlangt, darum weilt er ohne

Geisteshemmnisse. Wegen des Nichtvorhandenseins von Geisteshemmnissen ist er frei von Angst, hat er die Verkehrten Ansichten überwunden (und) endlich Nirvāṇa erreicht.

K: Die Transzendete Weisheit ist das Instrument zur Erkenntnis der Leerheit. Hat man diese erschaut, hat man in Wahrheit »nichts« erlangt, darum legt sie dem Geist keine doktrinären Beschränkungen auf. Wer in dem Bewußtsein lebt, daß die Leerheit in ihm das von keiner Zerstörung bedrohte Absolute ist, wird frei von Angst. Indem er die Verkehrten Ansichten, das heißt die Unwissenheit vernichtet hat, steht ihm keine Wiedergeburt mehr bevor; er ist erlöst.

7. Alle Buddhas, die in den drei Zeiten (Vergangenheit, Gegenwart und Zukunft) erschienen sind (oder erscheinen werden), sind zur unübertrefflichen, Vollkommenen Erleuchtung erwacht, nachdem sie sich der Transzendenten Weisheit bedient haben.

K: Ohne Transzendente Weisheit, durch die man die Leerheit, das Absolute erkennt, gibt es keine Erleuchtung.

8. Darum möge man die Transzendente Weisheit erkennen als den großen Wirkspruch (mantra), den großen Wirkspruch des (erlösenden) Wissens, den unübertrefflichen, unvergleichlichen Wirkspruch, den Besänftiger alles Leidens. Als Wahrheit, ihrer Wahrheit wegen ist in der Transzendenten Weisheit ein Wirkspruch ausgesprochen, nämlich: »Gegangen, gegangen, hinübergegangen, völlig hinübergegangen, o Erleuchtung! – Segen!«

K: »Transzendente Weisheit« ist hier als Titel der Prajñāpāramitā-*Bücher* zu verstehen. Da nach indischer Vorstellung jede Wahrheit (satya) ein Mantra ist, durch das sich »magische« Wirkungen erzielen lassen, sind auch die Prajñāpāramitā-Bücher durch ihre Wahrheit numinos wirkkräftig. Den ganzen Text als Wirkspruch aufzusagen, ist freilich unmöglich, darum nennt der Abschnitt die »Keimsilben« (bījamantra) der Prajñāpāramitā, die ihre magische Potenz ausmachen. Es sind die Worte: gate gate pāragate pārasaṅgate bodhi, svāhā!

Anders als die meisten Mantras ist dieses übersetz- und interpretierbar. Die fünf Vokative bezeichnen die fünf Phasen des Weges zur Erlösung: *Gegangen* – zur Erkenntnis der empirischen Person als aus Bedingten Daseinsfaktoren (Dharmas) gebildet und leer; *gegangen* – zur Aufgabe der Bedingten Dharmas; *hinübergegangen* – zum Nichtbedingten (= Nirvāṇa); *völlig hinübergegangen* – über den Unterschied zwischen Saṃsāra und Nirvāṇa hinaus zur Nichtdualität in der Leerheit; *o Erleuchtung!* – zum erlösenden Erwachen, in welchem die Leerheit als absolute Freiheit erlebt wird.

9. Damit ist das Herz(-Sūtra) der Transzendenten Weisheit beendet.

Denker der Madhyamaka-Schule: Nāgārjuna

Die Kunst des Ostens deutet Nāgārjunas geistigen Rang dadurch an, daß sie ihn als einzigen von den sechs großen buddhistischen Philosophen mit der Scheitelerhebung (uṣṇīṣa) eines Buddha darstellt. Hinter ihm recken sich Schlangen hoch, denn es hieß, er habe sein außerordentliches Wissen von einer Schlange erhalten, die es seit den Tagen des historischen Buddha als für spätere Jahrhunderte bestimmte Offenbarung gehütet hatte. So erklärt sich auch der Name »Schlangen-Arjuna« (Nāga-Arjuna).

Nāgārjuna stammte aus dem Süden, nach anderer Überlieferung aus dem zentralen Teil Indiens. Um nach einem Jugendstreich der Bestrafung zu entgehen, war er buddhistischer Mönch geworden und hatte am Kloster Nālandā ein Studium aufgenommen. Er lernte schnell und blieb nach seiner Ausbildung in Nālandā, um zu lehren. Später wurde er dort Abt. Einige Reisen ausgenommen, war Nālandā seine Heimstatt für mehrere Jahrzehnte.

In vorgerücktem Alter zog sich Nāgārjuna, begleitet von seinem Hauptschüler Āryadeva, nach Zentralindien zurück, wo er am Krishna-Fluß in einem Kloster auf dem Brahmaberg Wohnung nahm. Der Klosterberg heißt heute Nāgārjunakoṇḍa, »der Hügel des Nāgārjuna«, und ist inzwischen durch einen Stausee zur Insel geworden.

Nāgārjuna

Freundschaftliche Beziehungen verbanden Nāgārjuna mit einem Śātavāhana-König, wahrscheinlich mit Puḷumāyi II (Vāsiṣṭhīputra) (130–154). An ihn richtete der Mönch seinen »Brief an einen Freund« (Suhṛllekha), der den König über die Pflichten eines Laienbekenners belehrt. Die Zeitgenossenschaft mit Puḷumāyi II liefert die Handhabe, Nāgārjunas Geburt ins erste Drittel des 2. Jahrhunderts n. Chr. zu datieren.

Gegenüber Datierungsversuchen, die Nāgārjuna etwas früher ansetzen, wird diese Zeiteinordnung auch durch innere Kriterien gestützt. In seiner »Sūtren-Anthologie« (Sūtrasamuccaya) zitiert Nāgārjuna aus Mahāyāna-Werken, von denen einige nach Meinung westlicher Indologen frühestens um die Mitte des 2. Jahrhunderts n. Chr. entstanden sein können.

Von den zahlreichen Werken, die unter Nāgārjunas Namen in der Originalsprache Sanskrit oder in chinesischer bzw. tibetischer Übersetzung tradiert sind, erkennt die neuere Forschung (Chr. Lindtner) dreizehn als echt an, darunter:

- Madhyamakaśāstra, »das Lehrbuch der Mittleren Lehre«, auch (Mūla)madhyamakakārikā, »(Grund)verse über den Mittleren Weg« genannt,
- Śūnyatāsaptati, »Siebzig (Strophen) über die Leerheit«,
- Vigrahavyāvartaṇī, »die Streitschlichterin«,
- Catuḥstava, »vier Loblieder«,
- Ratnāvalī, »die Juwelenkette«,
- Sūtrasamuccaya, »die Sūtren-Anthologie«, die Zitate aus 68 mahāyānischen Sūtras enthält, und
- Suhṛllekha, »Brief an einen Freund«.

Wahrscheinlich echt ist zudem die

- Mahāyānaviṃśikā, »Zwanzig Verse über das Mahāyāna«.

Nāgārjunas Śāstras, »Lehrbücher« oder »Abrisse«, waren in doppelter Weise wirksam. Sie legten den Grund für die Madhyamaka-Schule, die vom 2. bis zum 12. Jahrhundert das philosophische Denken Indiens stark mitbestimmt hat, und gaben anderen buddhistischen Denkerpersönlichkeiten den Anstoß, ebenfalls literarisch tätig zu werden. Nach Nāgārjuna haben sein Schüler Āryadeva (2. Jh.), ferner die Mönche Buddhapālita (5. Jh.), Bhāvaviveka (6./7. Jh.), Candrakīrti (6./7. Jh.), Śāntideva (695–ca. 730), Śāntarakṣita (750–802) und Kamalaśīla (8. Jh.) Śāstras zur Madhyamaka-Philosophie verfaßt.

Nāgārjunas Hauptwerk, das Madhyamakaśāstra, besteht aus 448 Merkversen (kārikā), die die traditionelle Lehre des Buddha, bereichert um die mahāyānische Leerheitsphilosophie, memorierbar formulieren und durch logische Schlüsse unterbauen. Die Kühnheit der Gedankenführung gab dem Werk außerordentliche Durchschlagskraft – ungeachtet seiner stellenweise hanebüchenen Logik. Soweit die frühen Buddhisten die Fehlschlüsse des Buches überhaupt erkannten, entschuldigten sie sie als »pädagogisches Instrument«, bei dem es weniger auf den Inhalt als auf das Erzielen einer bestimmten Wirkung im Hörer ankomme.

In älteren Sekundärwerken wird behauptet, Nāgārjuna gehe es im Madhyamakaśāstra nur um Widerlegungen, das Buch enthalte keine positiven Lehren. Die Lektüre zeigt, daß dieses Urteil nicht zutrifft. In dem Werk finden sich konkrete Aussagen, die man zu einer runden Darstellung der Auffassungen Nāgārjunas ordnen kann.

Weder Sein noch Nichtsein

Der Name Madhyamaka, Schule des »Mittleren Weges«, geht zurück auf die mittlere Haltung, die Nāgārjuna im Hinblick auf Sein und Nichtsein der Welt, der Person und der Dinge vertritt. Ausdrücklich nimmt er (in Mś 15,7) Bezug auf die »Belehrung des Kātyāyana«, nämlich das im Pāli-Kanon überlieferte »Kaccāyanagottasutta« (S 12, 15), in dem der historische Buddha Gautama erklärt, die Auffassung, daß alles existiere, sei ebenso falsch wie jene, daß alles nicht existiere; die Lehre der Vollendeten (Buddhas) halte zwischen diesen beiden Extremen die Mitte.

Nāgārjuna erläutert kurz die beiden Theorien, deren Irrtum darin besteht, in Begriffen der Substanz zu denken; Substanz kann nur sein oder nicht sein, einen Mittelweg gibt es bei ihr nicht. Auf ein Substanzdenken geht es auch zurück, wenn man den empirischen Dingen Eigennatur (svabhāva) unterstellt, denn eine solche wäre per Definition ewig, unzerstörbar, keinem Wandel unterworfen. Die allerorten ins Auge fallenden Phänomene Vernichtung und Veränderung widerlegen das Vorhandensein von Eigennatur.

> In der »Belehrung an Kātyāyana« hat der Erhabene, der Sein und Nichtsein kennt, die beiden (Anschauungen) »es ist« und »es ist nicht« zurückgewiesen. (Mś 15,7)

> »Es ist«, das (bedeutet philosophisch das) Ergreifen der Ewigkeit; »es ist nicht«, das ist die Philosophie der Vernichtung. Der Verständige sollte deshalb weder Sein noch Nichtsein bejahen. (15,10)

> Was durch seine Eigennatur existiert, das kann nicht nicht sein, (folglich) wäre es ewig. (Sagt man aber andererseits:) »Es ist nicht jetzt, war aber früher«, so impliziert das die Vernichtung. (15,11)

Die Welt müßte nicht entstanden, unbefristet, unerschütterlich und Wechselfällen enthoben sein, wenn es (bei ihr) Eigennatur gäbe. (24,38)

Zwischen Sein und Nichtsein: Das Konditionale Entstehen

Zwischen Sein und Nichtsein die Mitte zu halten gelingt dem Buddhismus, weil er das Denken in Substanzbegriffen ersetzt durch ein Denken in Bedingtheiten: Die empirischen Dinge *sind* nicht (denn dann wären sie ewig), sie werden auch nicht vernichtet (denn da sie keine Entitäten mit Eigennatur sind, kann man ihr Verschwinden nicht als Vernichtung bezeichnen), – sie existieren vielmehr als zeitlich befristete Erscheinungen, die von fluktuierenden Daseinsfaktoren (dharma) hervorgebracht werden. Der Buddhismus versteht die Welt dynamistisch: als einen Prozeß unablässigen Werdens, dem kein Substrat zugrunde liegt. Die Wesen und die Dinge *geschehen* – so wie das Bild auf dem Fernsehschirm nicht ist, sondern stattfindet. Der buddhistische Dynamismus ist formuliert im sogenannten »Konditionalen Entstehen« (pratītyasamutpāda).

Mit dem Konditionalen Entstehen hatte der frühe Buddhismus die Wiedergeburt ohne überwandernde Seele erklärt. Die klassische Konditionalformel, von Nāgārjuna im Madhyamakaśāstra (Kapitel 26) breit dargestellt, nennt zwölf Faktoren (nidāna), von denen jeder den nächsten bedingt. Da die Faktoren sich über drei Wiedergeburtsexistenzen[1] verteilen, war so die Bedingungsabhängigkeit der späteren von den vorangehenden Existenzen bewiesen. Jeder der zwölf Faktoren ist nicht die alleinige Ursache (causa), sondern eine *Bedingung* (conditio) *neben anderen*, in der Formel nicht genannten Bedingungen dafür, daß der nächste Faktor ins Dasein tritt – daher der Name Konditionales (nicht: Kausales) Entstehen.

1 *Erste Existenz:* 1. Unwissenheit, 2. Tatabsichten (saṃskāra), 3. Bewußtsein; *Zweite Existenz:* 4. Name und Körper, 5. Sechssinnengebiet, 6. Berührung, 7. Empfindung, 8. Gier, 9. Ergreifen; *Dritte Existenz:* 10. Werden, 11. Geburt, 12. Alter und Tod.

Die hīnayānischen Scholastiker und das Mahāyāna sehen im Konditionalen Entstehen ein allumfassendes Naturgesetz. Das Konditionale Entstehen erklärt die Entstehung des Leidens (duḥkha), zeigt zugleich aber die Möglichkeit jedes einzelnen auf, es durch Verwirklichung des Nirvāṇa für sich zu beenden. Für die Welt als Ganzes hingegen gilt, daß ein Ende der Wiedergeburtenrotation nicht abzusehen ist.

> Wer das Konditionale Entstehen sieht, der sieht das Leiden, (seinen) Ursprung, (seine) Aufhebung und den Weg (zu seiner Aufhebung). (Mś 24,10)

> Der Große Weise (Buddha) hat erklärt, daß man den Uranfang (des Wiedergeburtenkreislaufs) nicht erkennt. Der Saṃsāra hat weder Anfang noch Ende, es gibt (bei ihm) keinen Beginn und keinen Schluß. (11,1)

Das Konditionale Entstehen ist Leerheit

Wichtig in Nāgārjunas Denken ist die Gleichsetzung des Konditionalen Entstehens (pratītyasamutpāda) mit der Leerheit (śūnyatā), ein Gedanke, der im Prajñāpāramitāsūtra nahegelegt, aber nicht ausgesprochen wird. Tatsächlich ist das Konditionale Entstehen der Dinge nur möglich, weil sie ohne Eigennatur, das heißt leer (śūnya) sind, und nur weil sie leer sind, können sie zur Aufhebung gebracht werden. Das Fehlen einer Eigennatur in den Dingen ist der Grund ihrer Leerheit, aber ebenso trifft zu, daß die Leerheit ihre Eigennatur ausmacht.

> Ein Ding, das nicht konditional entstanden wäre, ist nicht zu finden. Eben darum findet man auch kein Ding, das nicht leer ist. (Mś 24,19)

> Das Konditionale Entstehen ist es, was wir Leerheit nennen. Sie ist ein synonymer Begriff und sie ist der mittlere Weg. (24,18)

> Daraus, daß man (bei allem) ein Anderswerden erkennt, (folgert) das Fehlen einer Eigennatur in den existierenden (Dingen).

(Aber:) Da die existierenden (Dinge) Leerheit sind, gibt es kein Ding ohne Eigennatur. (13,3)

Es gibt kein dauerhaftes Ich

Gegenüber den Upaniṣaden, die eine den Tod überdauernde Seele (ātman) annehmen, die die Wiedergeburten durchläuft und das Kontinuum der Existenzfolge darstellt, – gegenüber dieser Auffassung hatte der historische Buddha den Standpunkt vertreten, daß es zwar Wiedergeburt, aber keine überwandernde Seele gibt. Die Nicht-ich-Lehre ergab sich aus seinem dynamistischen Verständnis der Welt. Da alles Existierende konditional entstanden ist, kann es keine Seele geben, da diese laut Definition dauerhaft ist, also seit jeher existiert haben müßte. Die Verbindung zwischen den Existenzen einer Wiedergeburtenkette besteht nach Gautama darin, daß die Daseinsfaktoren, die die Nachexistenz ausmachen, von den Daseinsfaktoren der Vorexistenz *bedingt* sind. Person A und die von ihr karmisch bedingte Person B sind weder identisch noch voneinander unabhängig; sie sind verwandt durch Konditionalität.

Daß *ich* in der Vergangenheit existiert hätte, (diese Meinung) ist nicht zutreffend. Denn was in der früheren Geburt existierte, das ist nicht *dieser* (der hier spricht). (Mś 27,3)

Die Buddhas haben das Ich (als ohne Eigennatur, also leer) erkannt und (darum) das Nicht-ich gelehrt. Sie haben gelehrt, daß es ein Etwas wie ein Ich oder ein Nicht-ich nicht gibt (sondern nur Konditionales Entstehen). (18,6)

Was auch immer konditional aus etwas entsteht, das ist mit jenem (Bedinger) nicht identisch und nicht (völlig) von ihm verschieden. Darum ist es weder vernichtet noch ewig. (18,10)

Die Leerheit ermöglicht Leiden und Erlösung

Ein Dasein mit Eigennatur (svabhāva) wäre ein Sein, also unveränderlich und nichts Lebendiges, denn Leben ist ein Fließen. Das Konditionale Entstehen (pratītyasamutpāda), nach Nāgārjunas Gleichsetzung die Leerheit (śūnyatā), ist es, die den Weltprozeß möglich macht. Die Leerheit wirkt in doppelter Weise: Einerseits a) ist sie die Voraussetzung für das Dasein und das damit verbundene Leiden (duḥkha), andererseits b) eröffnet sie die Chance, das Leiden im Nirvāṇa individuell zu beenden. Nāgārjunas Madhyamakaśāstra enthält Verse zu beiden Aspekten.

a) Die Leerheit ermöglicht Leiden

Wenn ein Entstehen bedingt (saṃskṛta) ist, dann sind damit die drei Kennzeichen (Unbeständigkeit, Leiden und Nichtselbstheit) verbunden. Wenn (aber) ein Entstehen nichtbedingt (asaṃskṛta, nämlich nirvāṇisch) ist, wie könnte es dann das Kennzeichen des Bedingten haben? (Mś 7,1)

Wie könnte Leiden entstehen, das nicht konditional entstanden ist? Leiden nennt man das Unbeständige. Es wäre nicht vorhanden, wenn es Eigennatur gäbe. (24,21)

Wie könnte das, was in Eigennatur (seit jeher) vorhanden ist, nocheinmal entstehen? Für den, der die Leerheit bestreitet, gibt es daher (in seinem philosophischen Denken) kein Entstehen. (24,22)

Du bestreitest (leugnest) das ganze Weltgetriebe, wenn Du die Leerheit des Konditionalen Entstehens bestreitest. (24,36)

b) Die Leerheit ermöglicht Erlösung

Aus dem Kreislauf der Wiedergeburt (saṃsāra) erlöst zu werden ist nur möglich, weil das Leersein der empirischen Person deren Aufhebung erlaubt. Vom Leersein hängt auch das Naturgesetz des Karman ab, demzufolge gutes Tun (karman) den Grund zu einer besseren (aber nicht leidfreien) Wiedergeburtsexistenz legt: Jeder ist von seinem alten Karman bedingt. Hat jemand durch Vernichtung der zur Wiedergeburt antreibenden »Verunreinigungen« (kleśa) Gier, Haß und Verblendung das individuelle Karman versiegen lassen und die Leerheit aller Dinge erkannt, dann ist der Konditionierungsprozeß für ihn beendet, eine weitere Wiedergeburt findet nicht statt.

Wenn (alles) nicht leer (wäre), dann gäbe es kein Erlangen des Nichterlangten (d. h. des Nirvāṇa), kein Tun (karman) zur Beendigung des Leidens und kein Aufgeben der Verunreinigungen (Gier, Haß und Verblendung, die zu Wiedergeburt führen). (Mś 24,39)

Niemand (der Eigennatur besitzt) wird jemals Gutes oder Schlechtes tun (können). Was gäbe es für das Nichtleere zu tun? Eigennatur agiert nicht (kann also kein Karman schaffen). (24,33)

Leerheit ist nicht Vernichtung, Saṃsāra ist nicht Ewigkeit. Im Tun (karman) liegt die (konditionale) Fortdauer, das ist die vom Buddha gelehrte Lehre. (17,20)

Erlösung erfolgt durch Vernichtung der Verunreinigungen des Tuns (karmakleśa). Die Verunreinigungen des Tuns (entstehen) aus Einbildungen, diese aus der Vielheit. Die Vielheit aber wird in der (Erkenntnis ihrer) Leerheit aufgehoben. (18,5)

Der Weg zur Erlösung

Aus der buddhistischen Daseinsanalyse ergibt sich, daß alles als erlösungsförderlich und heilsam (kuśala) gelten muß, das hilft, das Leiden und die Wiedergeburt zu beenden. Als treibende Kräfte im Saṃsāra hatte der Buddha Unwissenheit (avidyā) und Gier (tṛṣṇā) genannt; in einer späteren Phase seiner Lehrtätigkeit hatte er meist von den »Verunreinigungen« (kleśa) Begierde (lobha), Haß (dveśa) und Verblendung (moha) gesprochen. Der Erlösungsweg besteht darin, diese Verunreinigungen aufzuheben.

Als Mann des Denken stellt Nāgārjuna vor allem die Unwissenheit als Erlösungshindernis heraus. Sie läßt in den Wesen Gier nach Haben und Werden entstehen und führt zu Tatabsichten (saṃskāra), die die Wiedergeburt bestimmen. Denn nicht der *Tatvollzug* (karman) ist für die zukünftige Daseinsform ausschlaggebend, sondern die der Tat vorangehende *Tatabsicht* (vgl. Mś 17,2–3). Wer eine schlechte oder gute Tat beabsichtigt, durch äußere Umstände aber an der Ausführung gehindert ist, beeinflußt schon durch die bloße Absicht (cetanā) die Qualität seiner nächsten Existenzform (gati).[1] Wissen (jñāna) und die Erkenntnis des Absoluten (tattva) befreien von Tatabsichten.

> Ein Wesen, das von Unwissenheit vernebelt ist, das ist mit der Fessel der Gier gebunden. Als Nutznießer (oder Erleider der Wiedergeburt) ist es vom Tuer (d. h. seinem karmischen Urheber) weder verschieden noch mit ihm identisch (sondern: konditional von ihm bedingt). (Mś 17,28)

> Jemand, der von Unwissenheit vernebelt ist, schafft dreifach Tatabsichten (nämlich für das Tun, das Sprechen und das Denken), die zum Wiederwerden führen. Indem er sie erzeugt, geht er durch Tun zur (qualitativ entsprechenden) Existenzform. (26,1)

> So schafft der Unwissende Tatabsichten, die die Wurzeln des Wiedergeburtenkreislaufs sind. Der Unwissende ist ein Tuer, nicht so der Wissende, denn er hat das Absolute erschaut. (26,10)

> In der Aufhebung der Unwissenheit liegt die Beendigung der Tatabsichten. Aufhebung der Unwissenheit aber geschieht aus der Kontemplation heraus durch Wissen (jñāna). (26,11)

Zum Wissen gehört auch die Kenntnis der beiden Arten von Wahrheit, nämlich der konventionellen (saṃvṛtti) Wahrheit und der Wahrheit im höchsten Sinne (paramārtha satya).

> Die Lehrdarlegung der Buddhas stützt sich auf zwei Wahrheiten: die konventionelle Wahrheit der Welt und die Wahrheit im höchsten Sinne. (Mś 24,8)

> Jene, die nicht die Verschiedenheit der beiden Wahrheiten erkennen, die erkennen nicht das Absolute und die Tiefe in der Weisung des Buddha. (24,9)

1 Der Aṣṭasāhasrikā-Prajñāpāramitā (19, p. 176 f.) zufolge zeitigt sogar eine nur im Traum getane Tat karmische Wirkung, nämlich dann, wenn man die geträumte Tat nach dem Erwachen gutheißt.

> Ohne daß man sich auf den (weltlichen) Sprachgebrauch stützt ist der höchste Sinn nicht darzulegen. Wird der höchste Sinn nicht erfaßt, erlangt man nicht das Nirvāṇa. (24,10)

Das Wissen besteht in der Erkenntnis der Leerheit, die alle falschen Ansichten annulliert. Wer hingegen die Leerheit zum Fetisch macht, indem er sie zur Theorie (dṛṣṭi) erhebt, der ist einem gefährlichen Irrtum verfallen.

> Die Sieger (= Buddhas) haben die Leerheit als das Aufgeben aller (philosophischen) Theorien verkündet. Diejenigen aber, die eine Theorie der Leerheit (aufstellen), die haben sie als unverbesserlich bezeichnet. (Mś 13,8)

> Leerheit, falsch aufgefaßt, bringt einen Menschen von dürftigem Verstand ins Verderben wie eine Schlange, die man falsch anfaßt, oder wie ein falsch angewandter Zauber(spruch). (24,11)

Die Erkenntnis der Leerheit schließt die Einsicht in die Leerheit der Person ein. Mit der Aufhebung der Ich-Idee endet das Ergreifen neuer Wiedergeburtsexistenzen.

> Wenn es kein Selbst gibt, woher könnte dann ein Mein kommen? Durch das Stillwerden von Selbst- und Mein(gedanken) ist man genügsam und unegoistisch. (Mś 18,2)

> Sind Mein- und Ich(gedanken) nach außen und innen geschwunden, dann endet das Ergreifen (einer neuen Wiedergeburtenexistenz). Aus seiner Vernichtung (ergibt sich) Vernichtung der (Wieder-)Geburt. (18,4)

Das Heilsziel: Nirvāṇa

Nirvāṇa, »Verlöschen«, hat derjenige verwirklicht, der die an den Saṃsāra bindenden Faktoren in sich vernichtet hat. Für ihn, und nur für ihn, ist damit das Ende der Wiedergeburt und des Leidens erreicht.

Hīnayāna und Mahāyāna akzentuieren das Nirvāṇa unterschiedlich. Für das Hīnayāna ist Nirvāṇa der Zustand, der nach Ablegung von Gier, Haß und Verblendung *eintritt*; das Mahāyāna hingegen sieht das Nirvāṇa als identisch an mit der Leerheit, dem Absoluten (tattva), und versteht es deshalb als eine zeitlose Gegebenheit, die der Erloschene *in sich entdeckt*. Der Hīnayānin muß durch Selbstdisziplin das Nirvāṇa zum Ereignis werden lassen; der Mahāyānin muß es in sich selbst auffinden.

Nāgārjunas Äußerungen zum Nirvāṇa setzen die Kenntnis der Identität Nirvāṇa = Absolutes und die Vertrautheit mit der Lehre von den Daseinsfaktoren (dharma) voraus. Mit der Verwirklichung des Nirvāṇa gibt man nichts (von echtem Wert) auf, erlangt aber auch nichts, da man das Nirvāṇa (als Absolutes) bereits besitzt. Gegenüber der Vielheit der Bedingten (saṃskṛta) Dharmas, die die saṃsārische Welt darstellen, ist Nirvāṇa der Nichtbedingte (asaṃskṛta) Dharma – frei vom Werden und Vergehen und weder ein Sein noch ein Nichtsein. Folglich kann man auch von dem Erloschenen nach dem Tode weder sagen, daß »er« existiere noch daß »er« nicht existiere. Nirvāṇa ist ein Zur-Ruhe-Kommen (upaśama): das Heil (śiva) in der Leerheit. Nāgārjuna schließt mit der Feststellung, daß der Buddha keine Lehre dargelegt habe (weil die Leerheit keinen Lehr-»Inhalt« ausmacht). Der Gedanke war schon in der Aṣṭasāhasrikā-Prajñāpāramitā (2, p. 19) ausgesprochen worden.

> Nicht aufgegeben und nicht erlangt, nicht vergangen und nicht ewig, nicht vernichtet und nicht entstanden, – das wird Nirvāṇa genannt. (Mś 25,3)

> Was immer Kommen und Gehen aufweist, das entsteht bedingt und konditional. Nirvāṇa wird als nichtbedingt und nonkonditional definiert. (25,9)

> Der Lehrer (Buddha) hat vom Aufgeben von Werden und Vergehen gesprochen. Darum ist es angebracht, Nirvāṇa weder als Sein noch als Nichtsein (zu verstehen). (25,10)

> Wenn Nirvāṇa ein Sein wäre, dann wäre das Nirvāṇa bedingt (saṃskṛta), denn es gibt nirgendwo irgendein Sein, das nichtbedingt (asaṃskṛta) ist. (25,5)

Wenn Nirvāṇa ein Nichtsein wäre, wie wäre das Nirvāṇa dann unabhängig? Es gibt nämlich kein Nichtsein, das unabhängig existiert (weil Nichtsein nur als Korrelat zum Sein denkbar ist). (25,8)

Man kann nicht erkennen, daß der (ins Nirvāṇa eingegangene) Erhabene jenseits des Todes existiert, man kann nicht erkennen, daß er nicht existiert (oder) daß beides oder keins von beiden (bei ihm zutrifft). (25,17)

Zurruhekommen aller Wahrnehmungen, Zurruhekommen der Vielheit, Heil (– das ist Nirvāṇa). Nirgendwo ist irgendwem irgendeine Lehre vom Buddha dargelegt worden. (25,24)

Wer denkt, daß sich an dem Erlösten mit dem Übertritt von Saṃsārisch-Bedingten zum Nirvāṇisch-Unbedingten ein Wandel vollzogen habe, unterliegt einem Irrtum. Der Erlöste hat zwar die Freiheit gewonnen, nicht aber seine Natur geändert, denn beide, Saṃsāra und Nirvāṇa, sind Leerheit und unverschieden.

Es gibt keinen Unterschied des Saṃsāra vom Nirvāṇa; es gibt keinen Unterschied des Nirvāṇa vom Saṃsāra. (Mś 25,19)

Der Gipfelpunkt des Nirvāṇa ist auch der Gipfelpunkt des Saṃsāra. Zwischen den beiden gibt es auch nicht das mindeste (das sie trennt). (25,20)

Nāgārjuna und die buddhistische Tradition

Auf dem hinteren Einbanddeckel von D. J. Kalupahanas englischer Übersetzung des Madhyamakaśāstra (1986) liest man den Satz: »Das Buch zeigt, daß Nāgārjunas Ideen weder original sind noch gegenüber der frühbuddhistischen Periode einen Fortschritt darstellen. Nāgārjuna ist kein Mahāyānin.« Das Urteil verblüfft, da Nāgārjuna stets als ein Denker des Großen Fahrzeugs, sogar als der bedeutendste, angesehen wurde.

Die Lektüre des Madhyamakaśāstra erweist in der Tat, daß Nāgārjuna von der hīnayānischen Tradition kaum abweicht. Seine Argumente für den Mittleren Weg entsprechen denen der frühen Buddhisten; auch seine Auffassung des konditionalen Entstehens und des Erlösungsweges ist die der vor-mahāyānischen Texte. Hīnayānisch ist ferner sein Vertrauen in die Erlösungswirksamkeit des Wissens (jñāna) – statt der in den Prajñāpāramitā-Büchern betonten Weisheit (prajñā).

Daneben sind aber mahāyānische Ideen in seinem Denken nicht zu übersehen. Ein Vergleich mit dem Prajñāpāramitāsūtra macht das deutlich.

Die Prajñāpāramitā-Werke hatten vier Thesen aufgestellt, die horizontal durch Identifikation verbunden sind und aus deren jeder sich vertikal bestimmte Ableitungen ergeben. Das System läßt sich auf das folgende Schema reduzieren:

Die Wesen sind leer (śūnya), darum sind sie ihrer Natur nach:

1.		2.		3.		4.
Leerheit (śūnyatā) und im Kern unzerstörbar und zeitlos,	=	*das Absolute* (tattva) und miteinander wesenhaft identisch,	=	*Erlöstheit* (nirvāṇa), und im Grunde bereits erlöst,	=	*Buddhaheit* (buddhatā), deshalb ist jedes Wesen ein latenter Buddha.

Welche dieser Denkelemente sind im Madhyamakaśāstra belegt?

1. Die Leerheit spielt in Nāgārjunas Denken eine zentrale Rolle. Sie wird gleichgesetzt mit dem Konditionalen Entstehen und bildet die Voraussetzung, daß Leben = Leiden entsteht und daß es im Nirvāṇa aufgehoben werden kann.

2. Das Absolute findet bei Nāgārjuna mehrfach Erwähnung. Der Monismus der Mahāyānasūtras, demzufolge alle Wesen im Absoluten miteinander identisch sind, kommt in seinem Werk jedoch nicht zum Ausdruck.

3. Nirvāṇa wird von Nāgārjuna in mahāyānischer Weise mit der Leerheit identifiziert. Alle Wesen sind im Grunde erlöst.

4. Die mahāyānische Idee von einer jedem Menschen innewohnenden Buddhanatur besitzt in Nāgārjunas Denken keine Heimat.

Die Prüfung erweist also, daß Nāgārjuna nur aus zweien der vier Thesen Folgerungen für sein System zog. Er übernahm die Leerheits- und Erlöstheits-Philosophie der Mahāyānasūtras ohne die monistischen All-Einheits-Ideen. Mahāyānisches Gedankengut machte er sich zu eigen nur so weit, wie er glaubte, es mit dem frühen Buddhismus kombinieren zu können: Ausdrücklich erweist er am Ende seines Hauptwerkes (Mś 27,30) seine Reverenz nicht dem (mahāyānischen) transzendenten Buddha Śākyamuni, sondern dem historischen Buddha *Gautama*. Der Urheber der Schule des Mittleren Weges (madhyamaka) war nicht nur zeitlich, sondern auch philosophisch zwischen Hīnayāna und Mahāyāna ein Mann der Mitte. Daß er das Rad der Lehre ein zweites Mal in Gang gesetzt habe, kann man nur behaupten, wenn man seine Wirkung als Denkanreger ganz allgemein, nicht wenn man seinen Beitrag zum System des Mahāyāna zum Maßstab macht.

Ein Śāstra des Madhyamaka-Systems: Nāgārjunas »Zwanzig Strophen«

Nāgārjunas Autorschaft der Mahāyānaviṃśikā wird von einigen bezweifelt, denn der Text enthält unter anderem Ideen der Vijñānavāda-Schule des 3./4. Jahrhunderts. Wahrscheinlich handelt es sich aber bei den Vijñānavāda-Strophen (18 und 19) um spätere Einschübe.

Das Śāstra unterstellt die Leerheit aller Wesen und Dinge ohne das Substantiv »Leerheit« je zu verwenden. Die Wesen sind leer = ohne Eigennatur (asvabhāva): Das *Fehlen* einer Eigennatur macht ihre Eigennatur (svabhāva) aus.

Zwanzig (Strophen) über das Mahāyāna (Mahāyānaviṃśikā) – von Nāgārjuna[1]

1. Ehre dem unausdenklich erhabenen Buddha, dessen Geist frei ist vom Anhaften. Er hat aus Mitleid die Lehre dargelegt, die mit Worten nicht ausdrückbar ist.

1 Benutzte Sanskrit-Ausgabe: G. Tucci: Minor Buddhist Texts, Part I. Rom 1956, p. 201 ff. (Serie Orientale Roma, vol. IX). Sieben einleitende Strophen und eine Anhangstrophe, die spätere Zutaten sind, wurden nicht mit übersetzt.

2. Die Buddhas und die Wesen haben ein Merkmal gemeinsam: sie sind (leer) wie der Raum. Sie sind ihrer Eigennatur nach weder entstanden noch wahrhaft erloschen.

3. Nicht hier noch in der jenseitigen (Welt) sind Persönlichkeitsbestandteile[1] ihrer Eigennatur nach (d. h. wesenhaft) entstanden: Sie sind (durch das Karman der Präexistenz) konditional hervorgebracht. Eben darum sind sie leer, (nur) dem Wissen eines Allwissenden zugängig.

4. Alle existenten (Dinge) sind ihrer Eigennatur nach ein Spiegelbild. Sie sind (in ihrer Leerheit) rein, ihrer Eigennatur nach heil, frei von Dualität und mit der Soheit identisch.

5. Wenn Weltmenschen sich in dem, was kein Selbst ist, eine Selbstheit eingebildet haben, sind Glück, Leiden und Erkennen, ist alles für sie Wirklichkeit.

Kommentar (des Übersetzers): Zwischen Buddhas und unerlösten Wesen gibt es keinen essentiellen Unterschied, denn beide sind leer (2), – wie überhaupt alle Persönlichkeitsbestandteile (saṃskāra) oder Gruppen (skandha) (3) ebenso wie die gesamte Dingwelt (4) ohne Eigennatur (asvabhāva) oder leer sind. Wenn die Menschen sich ein Ich, eine Seele einbilden, setzen sie alles zu diesem Ich in bezug und erfahren dadurch Freude und Leid (5).

6. (So auch) die Sechs (wiedergeburtlichen) Existenzstätten, der Saṃsāra, der Himmel, das höchste Glück, das große Leiden in der Hölle wie auch Alter und Krankheit.

7. Nachdem sie (die Weltmenschen) sich eine unzutreffende Einbildung geschaffen haben, werden sie in (Qualenwelten wie) der Naraka(hölle) usw. gekocht. Vor ihrer eigenen Bosheit werden sie verbrannt wie Bambusstäbe vom Feuer.

K: Durch die Imagination eines Ich (5) entstehen subjektiv die Sechs Reiche der Wiedergeburt, nämlich die Götterwelt, die Welt

1 Saṃskāra heißen sowohl die Tatabsichten, welche die zukünftige Existenzform qualitativ festlegen, als auch das, was durch sie karmisch bedingt (saṃskṛta) wird: die Fünf Gruppen (skandha) als die Bestandteile der Person.

der Titanen, der Menschen, der Tiere, der Totengeister und der Höllen. Ohne Ich-Vorstellung gäbe es keine Wiedergeburt (6) und keine Hölle (7).

8. Wie ein Zauberprodukt, so genießen die Wesen die Sinnesobjekte. Sie streben einer aus Schein gebildeten Existenzstätte zu und einem Körper von konditionaler Entstehung.

9. Wie ein Maler, der die überaus furchterregende Gestalt eines Yakṣa(-Dämons) gemalt hat, selbst (vor seinem Bild) erschrickt, so (erschrickt) auch der Unweise vor dem Saṃsāra (den er sich durch seine Ich- und Welt-Imagination selbst geschaffen hat).

10. Wie irgendein Dummkopf, der selber Schlamm bereitet hat, (in diesen) hineinfällt, so sind die Wesen in den Schlamm falscher Einbildungen eingesunken, aus dem schwer herauszukommen ist.

11. Wenn man Nichtseiendes als seiend ansieht, erfährt man leidvolles Gefühl. Desgleichen peinigen einen die unwahren Sinnesobjekte durch das Gift des Zweifels.

K: Strophen 8 bis 10 beschreiben in Vergleichen, wie die empirische Welt für jeden einzelnen durch sein eigenes törichtes Wirken zustande kommt. Alles Leiden beruht darauf, daß man dem Nichtseienden, das heißt Dingen ohne Ich und Eigennatur, ein Sein unterstellt (11). Das gleiche besagt unten Strophe 20.

12. Nachdem die Gutes tuenden Buddhas mit ihrem ständig mitleidvollen Denken die Wesen als schutzlos erkannt haben, verpflichten sie sie auf die (Erreichung) der vollen Erleuchtung.

13. Haben sie (die Wesen, dann karmische) Schätze angehäuft und das höchste Wissen erlangt, mögen auch sie, vom Netz der Einbildungen befreit, Buddhas werden, Freunde der Welt.

K: Die Buddhas sind es, die den empirischen Wesen den Erlösungswert der Erleuchtung (12) und karmisch heilsamen Tuns (13) vor Augen halten. Jeder kann ein Buddha werden.

14. Weil diejenigen, welche die Bedeutung des Absoluten[1] vollkommen kennen, die Welt durchschaut haben als konditional entstanden[2] und daher leer und ohne Anfang, Mitte und Ende,

15. – darum sehen die für sich selbst weder Saṃsāra noch Nirvāṇa: (nur) makellose, unwandelbare (Wirklichkeit), von Beginn an in Ruhe und strahlend.[3]

16. Ein Aufgewachter sieht nicht (mehr) das Objekt, das er im Traum wahrgenommen hatte; einer, der aus dem Schlaf der Verblendung erwacht ist, sieht nicht (mehr) den Saṃsāra.

17. Wenn der Zauberer das Zauberprodukt, nachdem er es vorgeführt hat, auflöst, dann ist nichts mehr zu finden. Dies ist die Gesetzlichkeit (dharmatā) der Dinge (dharma).

K: Durch Erkenntnis des Absoluten und des Konditionalen Entstehens (14) durchschaut man die Wirklichkeit (15). Dadurch wird der Wiedergeburtenkreislauf individuell aufgehoben (16); die Illusion ist zerstoben (17).

18. Geist nur (cittamātra) ist dies alles, entstanden als magische Schöpfung. Daher (begeht man) gute und schlechte Tat, (und) daher gibt es gute und schlechte Geburt.

19. Wie sich die Menschen die Welt (nur) einbilden, so sind auch sie selbst nicht entstanden (sondern ideiert). Denn »Entstehung« ist eine Einbildung; es gibt keine äußeren Dinge.

K: Strophen 18 und 19 sind vermutlich Interpolationen zu dem Zweck, das Śāstra im Sinne des Vijñānavāda-Systems auszulegen, Strophen des originalen Textes wurden dafür gestrichen.

20. Toren, die von der Finsternis der Verblendung eingehüllt sind und Dinge ohne Eigennatur als dauerhaft, ein Selbst und glückvoll auffassen, treiben in diesem Ozean (wiedergeburtlichen) Werdens umher.

1, 2 Ich übernehme die von Tucci (a.a.O., p. 206 Anm. 2 u. 3) vorgeschlagene Konjektur und lese tattvārthadarśinaḥ bzw. (wie T. 2) pratītyasamutpannam.

3 Die Worte ādiśāntam prabhāsvaram entnehme ich der Textrekonstruktion von V. Bhattacharya in: Viśva-Bhārati Studies No. 1, Calcutta 1931, p. 12.

2. Die Bewußtseinslehre (Vijñānavāda)

Quellen

Das älteste Buch der Vijñānavāda-Richtung des Mahāyāna ist das Sandhinirmocanasūtra, das »Sūtra, das die Knoten löst«. Es entstand im 1./2. Jahrhundert n. Chr., ist aber nicht im originalen Sanskrit, sondern nur in chinesischer Übersetzung erhalten.

Etwas günstiger liegen die Verhältnisse bei der aus dem 3. Jahrhundert n. Chr. stammenden Schriftensammlung Avataṃsaka, der »(Sūtren-)Girlande«. Sie ist komplett nur in der chinesischen Übertragung, aber immerhin sind zwei Einzel-Sūtras, das Gaṇḍavyūha- und das Daśabhūmikasūtra, im indischen Urtext erhalten.

Das wichtigste Buch des Vijñānavāda, gleich dem Avataṃsaka dem 3. Jahrhundert zugehörig, ist das Laṅkāvatārasūtra, das »Sūtra von der Herabkunft (des transzendenten Buddha) in Laṅkā« (Ceylon?), dessen Originaltext in Sanskrit vorliegt. Der indische Mönch Dharmarakṣa übertrug es im Jahre 420 ins Chinesische. Er wurde 433 in China ermordet – vielleicht ein Beweis dafür, daß der philosophische Idealismus, den er mit der Buchübersetzung propagierte, im Land der Mitte auf Gegnerschaft stieß. Später änderte sich die Haltung der Chinesen, und in den Jahren 443, 513 und 704 wurde das Sūtra je erneut ins Chinesische übersetzt.

Das Laṅkāvatārasūtra enthält profunde Aussagen, aber in planloser Anordnung. Möglicherweise waren in der ursprünglichen indischen Palmblatthandschrift die Seiten durcheinandergeraten und wurden in verwürfelter Reihenfolge abgeschrieben. Man muß sich in der Vijñānavāda-Lehre schon theoretisch auskennen, um das Buch überhaupt verständlich zu finden. Die Kenntnis der Leerheitsphilosophie hilft dabei kaum weiter, da das Laṅkāvatārasūtra die Ausdrücke, die es mit den Prajñāpāramitā-Büchern gemeinsam hat, zumeist in abgewandelter Bedeutung verwendet. Zudem kränkelt es an Widersprüchen, inkonsequenter Terminologie und Abschnitten geringer Aussagekraft.

Dem Prosateil des Laṅkāvatārasūtra angefügt ist ein Versanhang (sagāthaka) von 884 Strophen, von denen ein Viertel schon im

Haupttext vorkommt. Der Versanhang mag etwas jünger sein als der Prosatext, ist jedoch leichter verständlich und besser zitierbar.

Vijñānavāda-Ansätze im Pāli-Kanon

Der historische Buddha hatte die Ewigkeitslehre der Upaniṣaden, die eine unsterbliche Seele annehmen, ebenso verworfen wie die Vergänglichkeitslehre der Materialisten, die die Wiedergeburt bestreiten. Er hatte den Mittleren Weg zwischen Sein und Nichtsein im *Werden* erkannt: das Leben und die Welt sind nicht, sondern geschehen. Die Madhyamaka-Schule hatte diesen Gedanken weiter verfolgt und den Mittleren Weg des konditionalen Entstehens mit der Leerheit (śūnyatā) gleichgesetzt.

Nicht minder ist der Vijñānavāda bemüht, zwischen den beiden Extremansichten Sein und Nichtsein die Mitte zu finden. Er löst das Problem aber nicht philosophisch, sondern psychologisch: Der Mittlere Weg liegt darin, daß die Welt für jeden erst dann existiert, wenn sie Inhalt seines Bewußtseins (vijñāna) geworden ist. Bereits der historische Buddha Gautama hatte die subjektive Existenz der Welt vom Bewußtsein (P. viññāna) abhängig gemacht:

> Ohnegleichen ist das Bewußtsein, grenzenlos, rundherum strahlend,
> hier haben nicht Wasser (und) Erde (noch) Feuer und Luft einen Halt,
> hier wird Langes und Kurzes, Feines, Grobes, Schönes, Unschönes –
> hier werden »Name und Körper«[1] restlos vernichtet:
> Durch des Bewußtseins Vernichtung wird dieses hier (alles) zerstört. (D 11, 85 I, p.223)

Weil die Welt nur im eigenen Bewußtsein Wirklichkeit ist, kann jeder sie durch Aufhebung seines Bewußtseins vernichten. Es lag nahe, das mahāyānische System, das an diese Erkenntnis anknüpft, »Bewußtseinslehre« (Vijñānavāda) zu nennen.

---

1 Die empirische Person mit ihren geistigen (»Name«) und physischen (»Körper«) Bestandteilen, d. h. die Fünf »Gruppen« (P.khandha, Skt.skandha)

Die Idee der Subjektivität der Welt läßt sich aber auch anders ausdrücken: Daß die Welt »nur Geist« (cittamātra) sei. So erklärt im Laṅkāvatārasūtra der (transzendente) Buddha dem Bodhisattva Mahāmati:

> Ich verkünde weder (eine Lehre des) Seins noch (eine des) Nichtseins, (sondern) daß (alles) nur Geist ist. (Diese Lehre) ist frei von (den Theorien) Sein und Nichtsein und somit dem (bloßen) Denken entrückt. (LS 3,30, p.153)

Auch für die »Nur-Geist«-Auffassung können sich die Vijnānavādins auf den historischen Buddha berufen, der erklärt hatte:

> In diesem eine Armspanne großen Körper mit seinem Wahrnehmen (P. saññā) und Denken (manas) (liegt) die Welt, die Entstehung der Welt, die Aufhebung der Welt und der Weg zur Aufhebung der Welt, so lehre ich. (A 4,45,3 II, p. 48)

Die im Pāli-Kanon überlieferte Äußerung findet sich im Laṅkāvatārasūtra als Sanskrit-Zitat wieder (LSsag 672). Kein Gedanke wird dem Leser des Laṅkāvatārasūtra so gründlich eingeschärft wie der, daß alles nur Geist (citta) sei.

Als dritter Name des Vijñānavāda- oder Cittamātra-Systems wird oft die Bezeichnung Yogācāra verwendet, »Wandel im Yoga«. Sie spielt auf die praktische Seite des Vijñānavāda an, das von den Buddhas als Disziplin (yoga) für die Heilssucher (yogin) gelehrt worden ist (LSsag 629), um sie zur Erlösung zu führen. Von den beiden großen Philosophen der Bewußtseinslehre, Asaṅga und Vasubandhu, bevorzugt der erstere die Bezeichnung Yogācāra, der letztere den Namen Vijñānavāda.

Die drei Existenzweisen

Der historische Buddha hatte die Realität des Menschen nie in Zweifel gezogen und mit der Feststellung, daß die Welt im Wahrnehmen und Denken – also im Geist des Subjekts – bestehe, nur die Objektwelt gemeint. Der Vijñānavāda hingegen versteht den Begriff Geist (citta) allumfassend. Wenn das Laṅkāvatārasūtra erklärt, *alles* sei »nur Geist« (cittamātra), dann ist damit gesagt, es gibt nichts, das nicht wesenhaft Geist wäre. Sämtliche Bereiche der Wirklichkeit, auch das Subjekt und *auch das Absolute*, sind ausschließlich Geist. Geist (citta) ist die Wirklichkeit schlechthin.

Nicht in allen Bereichen der von ihm dargestellten Wirklichkeit tut sich der Geist allerdings im gleichen Realitätsgrad kund. Sinnesobjekte haben eine andere Realität als der sie wahrnehmende Mensch. Dieser wiederum ist als vergängliches Wesen etwas anderes als das leidfreie Absolute. Die Vijñānavādins unterscheiden deshalb drei Realitätsstufen oder Existenzweisen (svabhāva) des Geistes, die sie als

– (3) Denkbewußtsein (manovijñāna) oder Bewußtsein (vijñāna),
– (2) Denken (manas) und
– (1) Grundbewußtsein (ālayavijñāna) oder Geist (citta im engeren Sinne)

bezeichnen. Das (3) Denkbewußtsein, das heißt die Objektwelt, ist nur vorgestellt ([pari]kalpita); das (2) Denken ist das empirische Subjekt und ist nur Vorstellung (vikalpa); das (1) Grundbewußtsein ist das Absolute (parinispanna). Das System läßt sich tabellarisch darstellen:

	Die drei Existenzweisen	Realitätsgrad	Funktion in der Welt
Alles ist Geist (Citta)	(3) Denkbewußtsein oder Bewußtsein	vorgestellt	empirische Objektwelt
	(2) Denken	Vorstellung	empirische Eigenperson
	(1) Grundbewußtsein oder Geist (citta im engeren Sinne)	absolut	das Absolute

Das Laṅkāvatārasūtra definiert die drei Existenzweisen folgendermaßen:

»Geist«, das ist das *Grundbewußtsein; »Denken«* ist das, was einen Ichdünkel (manyanātmaka) ergreift; *»Bewußtsein«* nennt man die Sinnesgebiete. (LSsag 102)

Das System der drei Existenzweisen kompliziert sich dadurch, daß das Mahāyāna aus dem frühen Buddhismus die Lehre von den sechs Wahrnehmungssinnen übernimmt – in abgewandelter Form. Der Frühbuddhismus hatte die Auffassung vertreten (z. B. M 18 I, p. 111 f.), daß jedes Wahrnehmungsorgan mit dem ihm entsprechenden Objektfeld oder Sinnesgebiet (āyatana) in Berührung kommt und aus diesem Kontakt das jeweilige Bewußtsein (vijñāna), das heißt das Bewußtwerden des Objekts resultiert:

Aus dem Kontakt des/der	Auges	mit Formen	entsteht Sehbewußtsein,
	Ohrs	mit Tönen	entsteht Hörbewußtsein,
	Nase	mit Gerüchen	entsteht Riechbewußtsein,
	Zunge	mit Geschmäcken	entsteht Schmeckbewußtsein,
	Körpers	mit Tastobjekten	entsteht Tastbewußtsein,
	Denkorgans[1]	mit Denkobjekten	entsteht Denkbewußtsein.

Die hīnayānische Wahrnehmungslehre setzt das Vorhandensein der Objekte voraus, denn die Sinnesorgane können nur mit Formen, Tönen usw. in Berührung treten, die als Gegebenheiten vorliegen.

Anders interpretiert der Vijñānavāda den Wahrnehmungsprozeß. Er nimmt an, daß das Sinnesorgan über das jeweilige Bewußtsein das Sinnesobjekt *schafft.* Seine Kausalitätsfolge ist somit eine andere:

– Auge und Sehbewußtsein erzeugen die Vorstellung von Formen,
– Ohr und Hörbewußtsein erzeugen die Vorstellung von Tönen, (usw. bis)
– Denkorgan und Denkbewußtsein erzeugen die Vorstellung von Denkobjekten.

1 Das Denken (manas), das in allen Schulen des Buddhismus zu den Sinnen gezählt wird, ist das Wahrnehmungsorgan für abstrakte Sachverhalte und stellt zugleich als Erinnerungsvermögen Verknüpfungen zwischen gegenwärtigen und vergangenen Sinneswahrnehmungen her, vermittelt also Erfahrung. Ohne das Denken könnten die Sinneswahrnehmungen allenfalls zu Eindrücken, nicht aber zu Erkenntnissen führen.

Diese Kausalitätsfolge macht es möglich, die Person und die Weltvielfalt aus dem Absoluten abzuleiten: Die Existenzweisen (2) »Denken« und (3) »Bewußtsein« gehen aus dem (1) »Grundbewußtsein« hervor.

> Das (1) *Grundbewußtsein* setzt einen Körper (d.h. ein denkbegabtes empirisches Individuum) frei. Das (2) *Denken* heischt eine Daseinsform. Nachdem das (3) *Bewußtsein* etwas gesehen hat, das wie eine Sinnenwelt aussieht (aber) Täuschung (bhrānti) ist, ist es (schon) hereingefallen. (LSsag 217)

Hereingefallen oder genarrt (pralabhyata) ist das Bewußtsein deshalb, weil es mit dem vermeintlichen Wahrnehmen einer Sinnenwelt (viṣaya) diese selber als Vorstellung erzeugt.

Dem Prozeß, wie das Denken und die Objektwelt sich aus dem Grundbewußtsein entfalten, widmet das Laṅkāvatārasūtra große Aufmerksamkeit – aus gutem Grunde. Denn es handelt sich dabei um die Vijñānavāda-Auffassung des Wiedergeburtenkreislaufs, aus dem der Buddhismus einen Ausweg weisen will. Den Saṃsāra zu durchschauen ist zur Erlösung unerläßlich.

> Geist, Vorstellung und Vorstellungsprodukt, (mit anderen Worten:) Grundbewußtsein, Denken und Bewußtsein, die die drei Existenzweisen ausmachen, – sie alle sind Erscheinungsformen des Geistes. (LSsag 459)

> Der Körper wird vom Geist (= Grundbewußtsein) getragen; das Denken denkt (= individuiert sich) immerzu; das Bewußtsein zerschneidet mittels der (sechs Einzel-)Bewußtseine den Geistbereich (in sechs Sinnesgebiete). (LSsag 461)

> Weil jemand an der Dualität (von Subjekt und Objekt) haftet, erzeugt das Grundbewußtsein im Denken die Idee, (es sei) ein Ich und etwas Selbsthaftes. Durch (wahres) Verständnis vergeht sie. (LSsag 645)

Die Existenzweise Denkbewußtsein (Die Objektwelt)

Die Objektwelt, das »Denkbewußtsein« (manovijñāna), seltener »Bewußtsein« (vijñāna), hat von den Drei Existenzweisen den geringsten Realitätsgrad, den des Vorgestellten oder Eingebildeten (kalpita, parikalpita). Daß die Welt Geist ist in dem Sinne, daß sie sich im Geist eines Subjekts reflektiert, hatte schon der historische Buddha gelehrt, aber daß sie nur (universaler) Geist sei und objektiv nicht existiere, geht über seine Lehre hinaus. Just dies ist die Weltinterpretation der Vijñānavādins.

> Es gibt keine sichtbaren (Objekte), die Außenwelt ist Geist (citta), darum sieht man eine Vielfalt (citra). Körper, Besitz und Umwelt sind nur Geist, so sage ich. (LS 3,33, p.154)

> Was man sieht, ist der eigene Geist, es gibt kein äußeres Objekt (artha). Wer (mit dieser Einsicht) die (Welt als) Täuschung durchschaut, der erkennt damit die Soheit. (LSsag 218)

> Toren bilden sich ein, die Formenwelt (rūpa) sei eine Zusammenballung von Qualitäten, Atomen oder Substanzen. Es gibt aber kein einziges noch so winziges Atom, und darum ist eine äußere Welt nicht vorhanden. (LSsag 441)

> Es gibt keine sichtbare Außen(welt) wie die Toren sie sich einbilden. Wenn der Geist durch Karman-Samen (vāsana) irregeleitet worden ist, dann manifestiert er sich als Abbild (von Objekten). (LSsag 624)

»Die Welt ist nur ein (Phantasie-)Gebilde« (vijñapti) (LSsag 44), »bloß ein Denkkonstrukt« (prajñapti) (LS 3,52 p.168).

> Wie Dummköpfe, die ein Seil nicht erkennen, es für eine Schlange halten, so bilden sich (die Menschen) eine äußere Welt ein – nicht wissend, daß die Objektwelt der Geist selbst ist. (LSsag 498)

> Die Vielheit (der empirischen Welt) ist an Vorstellung (vikalpa) und Karman-Samen (vāsanā) gebunden. Sie entsteht aus Geist. Was von den Leuten als Außenwelt angesehen wird, das ist nur profanisierter Geist. (LS 3, 32, p. 154)

Mit anderen Worten: Der Unwissende spinnt sich seine Welt wie die Seidenraupe ihren Kokon (LS 3 p.162).

Die Leugnung der Realität der Außenwelt im Vijñānavāda macht es eigentlich unnötig, die Substanzlosigkeit der empirischen Dinge zu betonen. Dennoch gibt das Laṅkāvatārasūtra dem Thema breiten Raum und stellt schon im Vorspannvers auf der ersten Seite fest, das Sūtra handele von der Nicht-Ichheit (nairātmya) aller Dinge (LS 1, p.1). Daß weder das Subjekt noch das Objekt ein Ich oder Selbst ist oder besitzt, wird immer wieder aufgegriffen:

> Nur Geist ist dies alles. Auf zwei Weisen tritt der Geist in Erscheinung: Als zu Ergreifendes (Objekt) und als Ergreifer (Subjekt). Ein Selbst und etwas Selbsthaftes gibt es nicht.
>
> (LS 3,121, p.209)

Das gleiche besagen die zahlreichen Stellen, die die Welt als ohne Eigennatur (asvabhāvaka) und leer (śūnya), als unentstanden (anutpanna) und ungeboren (ajāta) charakterisieren. »Ohne Eigennatur« oder »leer« drückt aus, daß die Dinge keinen wesenhaften Kern besitzen; »unentstanden« und »ungeboren« heißt, daß sie nicht substanziell entstanden, sondern bloße Ideationen sind.

> Die Dinge sind unentstanden, leer und ohne Eigennatur. Was bei ihnen entsteht und vergeht, das ist Trug (und erwächst aus Karman-Samen und Vorstellung) als Voraussetzungen.
>
> (LSsag 69)

> ... Entstehen ist Nichtentstehen, wenn man erkannt hat, daß die sichtbare (Objektwelt) nur der Geist selbst ist... (LS 2, p.111)

> Weil (die Welt) von Natur aus (nur) vorgestellt ist, sind alle Dinge ungeboren. ... (LSsag 150)

Die objektive Nichtvorhandenheit einer äußeren Welt legt es nahe, die vorgestellte Welt mit negativen Vergleichen zu belegen. Die Welt ist eine Fata Morgana (LSsag 54), ein Irrtum (bhrānti) (LSsag 408), ein Trug (LSsag 153), eine Täuschung oder Schein (māyā) (LS 2,121 p.48), ein Traum, eine Augenkrankheit und ein Luftschloß (LS 3,90 p.200f.). Sie ist Geist (citta), der von Karman-Samen (vāsanā) verwirrt worden ist (LS 2,142, p. 85).

Die Existenzweise Denken (Das Subjekt)

Wenn die Welt nichts ist als ein Gedankenkonstrukt, erhebt sich die Frage nach dessen Träger. Wer ist es, der die Welt geistig schafft? Wer ist das Subjekt der Weltvorstellung?

Die Antwort lautet: Das Denken (manas). Das Denken bildet die zweite der drei Existenzweisen des Vijñānavāda-Systems und ist jener Teil des universalen Geistes (citta), der sich vorstellt, ein Ich zu sein. Seine Ich-Überzeugung ist so stark, daß es meint, auch alle Begleiterscheinungen eines Ich zu besitzen: Die (fünf) »Gruppen« (skandha), die die physisch-psychische Person ausmachen, und die (sechs) Sinnesbereiche (āyatana), in denen es eine Vorstellungswelt ideieren kann:

> Infolge des Denkens usw. (gibt es) die Ansammlung der Gruppen und der Sinnesbereiche. (Aber nur) ein Nicht-Ich regt sich immer mit dem Geist – einer Karawane gleich (die nur eine Personengruppe ohne Individualität ist). (LSsag 859)

> Das Ich (ātman) ist in Wahrheit ein Denkgebilde, Substanz ist bei ihm nicht zu finden. (Auch) die Natur der (fünf) Gruppen besteht bloß als Denkgebilde, nicht aber als etwas Substanzielles. (LS 3,27, p.153)

Nicht nur die Welt ist demnach geträumt: Geträumt ist auch der Träumer.

Die Existenzweise Grundbewußtsein (Das Absolute)

Die Welt geträumt und auch der Träumer nur Vorstellung – also muß man ein Subjekt vor oder jenseits der Ich-Imagination annehmen. Und da *alles* »nur Geist« (cittamātra) ist, kann dieses Subjekt ebenfalls nur Geist sein, freilich Geist in der absoluten Existenzweise.

Der Vijñānavāda sieht das Absolute im Grund- oder Speicherbewußtsein (ālayavijñāna), das oft, abkürzend, einfach Geist (citta) genannt wird. Es ist von Natur aus rein (LS 6, p.221) und transparent (LSsag 216) und, gleich dem Raum, weder existent noch nichtexistent (LSsag 238). Als eine Gegebenheit, die weder philosophisch noch psychologisch erfaßbar ist, muß es als eine Setzung der *Religion* erlebt werden. Das Grundbewußtsein oder Citta nimmt im Vijñānavāda-System die gleiche Stelle ein wie im Madhyamaka die Leerheit.

Dennoch sind Leerheit und Grundbewußtsein inhaltlich und funktionell total unähnlich. Die Leerheit des Madhyamaka ist die Voraussetzung der saṃsārischen Lebensprozesse, die ohne Leerheitsfreiraum nicht ablaufen könnten, und zugleich das Band der monistischen All-Einheit, ist aber nichts Dynamisches und keineswegs der Urgrund, aus dem das Leben sich entfaltet. Das Grundbewußtsein des Vijñānavāda hingegen ist genau das: der Mutterschoß alles Daseienden.

Es erfüllt eine doppelte Funktion. Es ist das in sich ruhende Eine, die Nichtzweiheit (advaya), das Absolute und mit dem Nirvāṇa identisch, ist zugleich aber der »Speicher« (ālaya) für die karmischen Samen (vāsana), die frühere imaginierte Ichs hinterlassen haben und die zur Reife drängen. Das Nebeneinander von statischen und dynamischen Zügen im Grundbewußtsein wird im Laṅkāvatārasūtra wie folgt erklärt:

> Nicht ist das Citta (= Grundbewußtsein) von Karman-Samen getrennt noch ist es mit Karman-Samen verbunden. Das Citta ist von den Karman-Samen nicht durchdrungen, (sondern von ihnen) eingehüllt. (LSsag 236)

Der Anschlußvers erläutert, das Citta (= Grundbewußtsein) sei wie ein weißes Gewand, das von Karman-Samen beschmutzt, aber nicht durchgefärbt ist.

Häufig wird das Grundbewußtsein mit dem Ozean verglichen, dessen tiefe Wasser unbewegt ruhen während der Wind auf der Oberfläche Wellen hochtreibt:

> Das Grundbewußtsein... ist wie ein großer Ozean, dessen Wogen ständig dahinrollen. Seine (Hauptwasser)masse ist frei von Unbeständigkeit und Ichgefühl und von Natur aus stets rein. (LS, 6, p.220)

Wie Wellen auf dem Meer vom Wind aufgeworfen werden und herumtanzen ohne daß es ein Aufhören gibt, ebenso wird das Meer des Grund(bewußtseins) ständig vom Wind der Sinneswelt aufgeworfen und tanzt in Wellen herum, (dazu veranlaßt) durch die bewegten Bewußtseine. (LS 2,99–100, p.46)

Das Wellengleichnis wird im Laṅkāvatārasūtra drei Dutzend Mal bemüht, sei aber nur eine Bildhaftmachung für die Dummen, so heißt es (LS 2,112, p.47).

Die Doppelfunktion des Grundbewußtseins oder Citta als Absolutes = Erlöstheit und als Keimbecken für die karmischen Samen ermöglicht es dem Vijñānavāda, Nirvāṇa und Saṃsāra als eins anzusehen (LS 2, p.42 + 76), sie als ununterschieden (p.61) oder nichtzwei (p.76) zu betrachten.

Karman-Samen, ihr Wirken und Entstehen

Den Antrieb des saṃsārischen Kreislaufs geben die Karman-Samen (vāsana/ā), die ein Unerlöster beim Tode hinterläßt. Sie sind die Ursache (hetuka) der Welt (LSsag 454), der Sterne und Wolken, des Mondes und der Sonne (LSsag 311). Wenn der Geist infolge von Karman-Samen in die Irre läuft, entsteht die Objektwelt (LSsag 624), denn der von Karman-Samen aufgewühlte Geist läßt den Anschein einer Außenwelt aufkommen (LSsag 155). Die Vielheit, die man sieht, ist nichts als Geist (citta), der von schlechten Karman-Samen durchsetzt ist (LSsag 124).

Karman-Samen erwachsen aus der Unwissenheit, nämlich aus Vorstellungen (parikalpa) von etwas Unwirklichem (LS 2 p.38), das heißt einer sichtbaren Außen- (LS 2 p.56) oder Vielheitswelt (prapañca) (LS 2 p.71).

Der saṃsārische Kreislauf

Die Karman-Samen (vāsana) sind dasjenige, was ein Mensch beim Tode hinterläßt und das im Grundbewußtsein (ālaya), dem überindividuellen Absoluten, erhalten bleibt (LSsag 523): Das Karman wird vom Citta (= Grundbewußtsein) gesammelt (cīyate) (LS 2,106 p.46; 3,38 p.158). Hier gelangt es zur Reife und setzt ideativ einen Wiedergeburtenkreislauf in Gang. Das Laṅkāvatārasūtra führt detailliert aus, wie das geschieht.

Das Citta (= Grundbewußtsein) wird (an der Oberfläche) zu Wellen aufgeworfen (LSsag 97) und beginnt unter dem Einfluß der Karman-Samen, sich einzubilden, es sei eine Person: Im Absoluten (= Existenzweise 1) entsteht eine Ich-Vorstellung (= Existenzweise 2), nämlich die Idee, eine aus den fünf Gruppen zusammengesetzte Persönlichkeit darzustellen. Die Fünf Aneignungsgruppen[1] (pañcopādānaskandha) haben ihren Ursprung in den Karman-Samen, so heißt es deshalb (LS 6, p.235).

Der Vorstellung, ein Ich zu sein, folgt sehr bald die Vorstellung, eine Außenwelt wahrzunehmen. Diese bildet die dritte Existenzweise, die des Vorgestellten.

> Basierend auf dem Grund(bewußtsein) entwickelt sich Denken (manas). Basierend auf dem Citta (= Grundbewußtsein) und dem Denken entwickelt sich Bewußtsein. (LSsag 269)

> Aus dem Grundbewußtsein gehen alle Geist(objekte) (cittāni) hervor wie Wellen. Aus Karman-Samen als ihrer Ursache haben sie alle ihren kausalen Ursprung. (LSsag 871)

> Zuweilen getrennt und zuweilen verbunden (erscheinend), werden sie für (echte) Objekte genommen (obwohl sie doch nur) der Geist (citta) selber sind. Sie erscheinen mit dem Kennzeichen der Existenz (saṃsthāna), sind (aber) aus dem Denk-, Seh- usw. (-bewußtsein) entstanden. (LSsag 872)

Eine Kurzbeschreibung des saṃsārischen Entstehens und Kreislaufs gibt das Laṅkāvatārasūtra an anderer Stelle:

> Das Karman (eines Verstorbenen) wird vom Citta (= Grundbewußtsein) gesammelt, vom Denken (zu einem Individuum) gebündelt und vom (Denk)bewußtsein bewußt gemacht. Durch die Fünf (Sinnesbewußtseine) wird (dann) die sichtbare (Objektwelt) imaginiert. (LS 2,106, p.46)

1 Die Fünf »Gruppen« (skandha) sind: Körper, Empfindung, Wahrnehmung, Geistesregungen und Bewußtsein. *Aneignungsgruppen* heißen sie, weil man sie sich bei jeder Wiedergeburt als neue empirische Individualität wieder aneignet.

Der Kreislauf des saṃsārischen Werdens läßt sich graphisch darstellen:

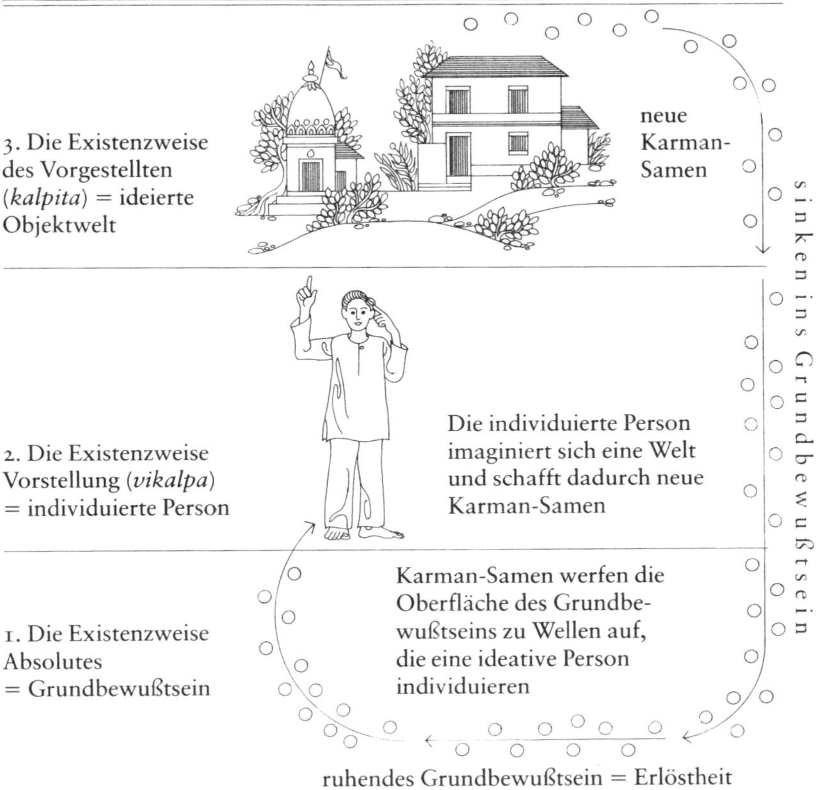

Der Wiedergeburtenkreislauf (saṃsāra) ist kein Realereignis, kein physisches Geschehen, sondern eine Illusion: eine karmisch verursachte Wahnidee im Grundbewußtsein, eine Turbulenz im Absoluten.

> Jemand (der begriffen hat, daß) nichts entsteht und nichts vergeht, dem kommt nicht (die Idee) von Sein und Nichtsein, weil er die Welt als abstrakt (vivikta) erschaut hat.
>
> (LS 3,14, p.147)

> Nichts ist entstanden, dennoch gibt es Entstehen von Entstandenem; nichts ist vergangen, dennoch vergehen (alle Dinge). Was man gleichzeitig als Myriaden von Welten sieht, das ist wie der Reflex des Mondes im Wasser. (LSsag 366)

Die doppelte Wahrheit und der Weg zur Erlösung

Der Saṃsāra nichts als eine Welle auf der Oberfläche des Absoluten – damit ist der Idealismus des Vijñānavāda zur letzten Konsequenz geführt. Aber just dieser Idealismus brachte den Vijñānavāda in ein Dilemma.

Denn der Buddhismus ist keine sich selbst genügende Philosophie, sondern eine pragmatische Erlösungslehre. Er will Menschen motivieren, das Nirvāṇa anzustreben, jedoch bestand bei den Vijñānavādins die Gefahr, daß einige aus dem Imaginationscharakter des Saṃsāra den Schluß zogen, Erlösung sei nicht vonnöten. Wie kann man, so mochten sie meinen, individuell einen Wiedergeburtenkreislauf beenden, der eine Halluzination im Absoluten ist?

Zum Schutz der Praxis von der Erkenntnis griffen die Vijñānavādins gleich den Śūnyatāvādins zur Theorie der Doppelten Wahrheit. Sie erlaubt es, im konventionellen (samvṛtti) Sprachgebrauch von Dingen zu reden, die im höchsten (paramārtha) Sinne nicht vorhanden sind. Sie macht es möglich, auf ein Ziel hinzuarbeiten, das längst Realität ist.

> In der konventionellen (Wahrheit) existiert alles, in (der Wahrheit im) höchsten Sinne nichts. Im höchsten Sinne sieht man die Nicht-Eigennatur aller Dinge. Daß es trotz der Nicht-Eigennatur (aller Dinge) die Wahrnehmung (upalabdhi) (von Dingen) gibt, davon spricht die konventionelle Wahrheit. (LSsag 120)

Die Belehrung im Vijñānavāda erfolgt deshalb doppelspurig: als Unterweisung im erlösenden Wissen und als Unterweisung im erlösenden Tun.

Schon der historische Buddha Gautama hatte die Unwissenheit (avidyā) oder Verblendung (moha) als eine der Ursachen der Wiedergeburt aufgezeigt. Der Vijñānavāda folgt der Tradition, indem er von seinen Bekennern die Bemühung um Wissen (jñāna),

Edles Wissen (āryajñāna), Weisheit (prajñā) und Verstand (buddhi) fordert. Wissen wird durch Selbstzucht (vrata) (LSsag 775), Weisheit durch Lernen, Nachdenken und Meditation (LS 3, p.154f.) erlangt, und zwar gradweise und nicht spontan (LS 2, p.55). Nur wer das Glück hat, daß ihn ein Tathāgata (Buddha) unterweist, verwirklicht das Wissen sofort (LS 2, p.56).

Die Erlösungswirkung des Erkennens beruht darauf, daß es die Ideativität der Objektwelt deutlich macht.

> Wenn man es mit Verstand (buddhi) untersucht, dann gibt es keine Verflochtenheit (tantra) und nichts Vorgestelltes (kalpita). Wenn das Absolute (niṣpanna) erreicht ist, gibt es kein (empirisch) Seiendes (mehr). Wie könnte durch Verstand etwas Vorgestelltes entstehen? (LS 2,198, p.132)

> Durch die Erkenntnis (avabodha), daß nur Geist existiert, wird äußeren Dingen (= der Objektwelt) die Grundlage entzogen. Dies ist das Aufhören der Vorstellung (vikalpa) und der Mittlere Weg. (LSsag 358)

Mit der Einsicht in den Imaginationscharakter der Objektwelt stellt sich zugleich die Erkenntnis des Absoluten ein. Wenn die aus schlechten Karman-Samen erwachsenen äußeren Objekte geschwunden sind, wird die wahre Natur des Geistes (cittasya dharmatā) offenbar (LSsag 252); wenn man die Welt als Schein (māyā) und Traum erkannt hat, ist man zum Absoluten (tattva) gelangt (LSsag 228). Der Yogin oder Heilssucher, der in der Erkenntnis feststeht, daß alles nur Geist ist, und der deshalb keine äußeren Objekte mehr imaginiert, der hat seinen Halt in der Soheit (tathatā) gefunden (LSsag 256).

Das Aha!-Erlebnis des Erkennens wird wiederholt auch als »Umkehr« (parāvṛtti) bezeichnet. Die Umkehr führt zur Aufhebung der Trugbilder (nirābhāsa) (LSsag 148), zu Tathāgataschaft und Edlem Wissen (LS p.93), und macht einen Menschen zum selbstlosen Wohltäter für andere (LSsag 879).

Wenn das Laṅkāvatārasūtra den Erlösungssucher oder »Yogin« ermahnt, in sich eine Umkehr zu bewirken, dann ist das eine Belehrung auf der Ebene der konventionellen Wahrheit. Nach der

Wahrheit im höchsten Sinne ist der Yogin nur eine durch Karman-Samen hervorgerufene Vorstellung im Grundbewußtsein. Hier, im Grundbewußtsein (ālayavijñāna), hat demnach die Umkehr stattzufinden.

> Wenn im Grundbewußtsein, das man auch mit dem Namen Seinsmitte der Vollendeten bezeichnet, keine Umkehr stattgefunden hat, dann gibt es kein Aufhören des Entstehens der sieben Bewußtseine (d. h. der Ich- und Weltideation). (LS 6, p.221)

> Die Dreiwelt (in der wir leben) ist nur ein Gedankenkonstrukt und durch die beiden Existenzweisen (»Grundbewußtsein« und »Denken«) ideativ geschaffen (kalpita). Wenn aber (das Grundbewußtsein) sich von Dingen (dharma) und der (empirischen) Person (pudgala) abgewandt hat, dann ist das die Soheit (=Absolutes=Erlösung). (LSsag 77)

Das Heilsziel: Nirvāṇa

Wie alle Schulen des Mahāyāna-Buddhismus sieht der Vijñānavāda im Nirvāṇa eine Wirklichkeit, die seit jeher existiert. Diese Auffassung ist die Konsequenz aus der Anerkennung eines Absoluten. Wo ein Absolutes angenommen wird, muß das Nirvāṇa mit ihm identisch sein und wird infolgedessen wie das Absolute als eine zeitlose Ur-Gegebenheit angesehen: »Alle Dinge sind von Urbeginn an erloschen« (ādiparinirvṛta) (LS 2, p.66). Erlösung ist Erlöst*heit*. Sie ist eine immerwährende Tatsache, aber den Menschen in Vergessenheit geraten und muß durch Einsicht wiederentdeckt werden.

Dementsprechend ist Nirvāṇa subtraktiv definierbar als Freiheit von jenen Irrtümern und Faktoren, die dem Unerlösten den Blick auf seine wesenhafte Erlöstheit versperren. Nirvāṇa ist das Nichtmehrentstehen von Vorstellung und das Erreichen von Edlem Wissen durch »Umkehr« (LS 3, p.200) sowie das Zurruhekommen der (von Karman-Samen aufgepeitschten) Bewußtseinswellen auf dem Geistozean (LS 3, p.136). Eine andere Stelle greift auf die Definition des frühen Buddhismus zurück und bestimmt Nirvāṇa als das Nichtvorhandensein von Gier, Haß und Verblendung und (der Idee) einer Person (LS 3,19, p.149).

Der Mahāyāna-Buddhismus hat keine Schwierigkeit, das Nirvāṇa auch positiv zu beschreiben, denn da es identisch ist mit dem Absoluten (tattva, pariniṣpanna), treffen dessen Definitionen auch für das Nirvāṇa zu.

So ist Nirvāṇa im Vijñānavāda das Grundbewußtsein, in dem Umkehr stattgefunden hat (LS 2, p.62), ferner Soheit, Leerheit, der Gipfel, die Basis der Gesetzlichkeit (dharmadhātu), das Nichtentstehen von Dingen, das Eigentliche (svabhāva) und die Wahrheit im höchsten Sinne (LSsag 576). Nirvāṇa ist *die* eine Wahrheit (satya) schlechthin (LS 3,18 p.149).

Die Überzeugung, daß alles nur Geist (cittamātra) ist, hat zur Folge, daß auch zwischen der vermeintlichen Welt (= Saṃsāra) und dem Grundbewußtsein (= Absolutes = Nirvāṇa) kein wesenhafter Unterschied besteht: Saṃsāra und Nirvāṇa sind identisch. Tatsächlich heißt es:

> ... Saṃsāra und Nirvāṇa sind gleich ... (LS 2, p.42)

> ... Saṃsāra und Nirvāṇa sind als nichtverschieden zu erkennen ... (LS 2, p.61)

Ein zweiter Gedanke stützt diese Identität. Saṃsāra und Nirvāṇa sind als Korrelate »nichtzwei« (advaya). Keins ist ohne das andere denkbar; wenn das eine fällt, fällt auch das andere.

> Was ist die Definition der Nichtzweiheit? Es bedeutet, daß Schatten und Licht, lang und kurz, schwarz und weiß aus der Zweiheit zustande gekommen sind und nicht isoliert voneinander.
>
> Wie Saṃsāra und Nirvāṇa sind alle (diese) Dinge nichtzwei. Es gibt kein Nirvāṇa, (es sei denn) es gibt Saṃsāra, und es gibt keinen Saṃsāra, (es sei denn) es gibt Nirvāṇa, denn die Ursache ihres Vorhandenseins liegt (darin, daß sie jeweils einzeln) ohne Definition (vilakṣaṇa) sind. (LS 2 p.76)

Aus der Gleichung Saṃsāra = Nirvāṇa ergibt sich eine weitere Konsequenz. Wenn die saṃsārische Welt nur Vorstellung ist, muß infolge ihrer Identität mit dem Nirvāṇa auch das Nirvāṇa Vorstellung sein.

> Alles Existierende ist ohne Eigennatur[1] und nur Gerede von (unwissenden) Leuten. Es ist nur Vorstellung (kalpanā) und existiert nicht (in Wahrheit). (Auch) Nirvāṇa ist (nur) Traum. Nichts ist erkennbar, das im Saṃsāra (der Wiedergeburt unterworfen wäre), und nichts kann je (im Nirvāṇa) verlöschen.
>
> (LS 2, 146, p.88)

Der Wiedergeburtenkreislauf ist eine karmisch bedingte Halluzination im absoluten Grundbewußtsein, also gibt es keine Person, die erlöst werden müßte. Nirvāṇa ist der (Wunsch)traum von der Erlösung, der aufkommt, wenn die Oberfläche des Grundbewußtseins durch Karman-Samen zu Ich- und Weltideationen aufgerührt wird. Im Zentrum des Grundbewußtseins, im zeitlos ruhenden Absoluten, ist Nirvāṇa = Erlöstheit der Normalzustand – ein Sein in Stille jenseits der Beschreibbarkeit.

Wahrheit jenseits der Sprache

Die Versuche des Laṅkāvatārasūtra, die Wahrheit durch Worte einzukreisen, könnten jemanden glauben machen, durch die Lektüre des Werks das Absolute verstanden zu haben. Das Sūtra selbst warnt vor dieser Annahme. Das Absolute (tattva) ist jenseits von Worten (LS 2,119, p.48), denn die Sprache kann die höchste Wahrheit nicht erfassen (LS 2, p.87). Zwischen seiner Erleuchtung und seinem Nirvāṇa, so erklärt der (transzendente) Buddha (LS 3,7, p.144), habe er nicht das mindeste verkündet, und erläutert dazu an anderer Stelle (LS 3, p.194), da die Wahrheit nicht von Worten abhängt, sei nie ein Wort über seine Lippen gekommen. – Wer sich am Buchstaben festklammert, der hat das Absolute nicht begriffen und gleicht dem Toren, der den auf den Mond weisenden Finger ergreift und meint, er habe den Mond gefaßt (LS 6,3, p.223 f.). Die Äußerungen belegen, daß es schon zur Entstehungszeit des Laṅkāvatārasūtra (3. Jh.n.Chr.) eine mystische Tradition gab, die den schwierigen und oft ermüdenden Ausführungen des Sūtra bestenfalls den Wert des zeigenden Fingers zuerkannte. Im

1 Ich übernehme die Lesart nach Fußnote 9 der Textausgabe von Bunyio Nanjio und lese: sarvabhāvāsvabhāvā.

Dhyāna- (chin. Chan, jap. Zen-) Buddhismus sollte die Überlieferung außerhalb der Worte später besondere Bedeutung gewinnen.

Denker der Vijñānavāda-Schule: Asaṅga und Vasubandhu

Die großen Meister (ācārya) des Vijñānavāda waren Maitreya(nātha), Asaṅga (290–360) und Vasubandhu (316–396). Wenn Asaṅga von Maitreya(nātha) spricht, ist allerdings nicht ganz sicher, ob er damit den Transzendenten Bodhisattva Maitreya meint, der ihm, dem Asaṅga, das Wissen eingab, oder einen historischen Lehrer, dessen Werke er ediert. Das Yogācārabhūmiśāstra (»Lehrbuch über die [Vollendungs]stufen gemäß dem Yogācāra[-System]«) wird von einigen dem Maitreyanātha, von der Mehrheit dem Asaṅga zugeschrieben.

Asanga und Vasubandhu waren Brüder oder Halbbrüder mit einem Altersunterschied von 26 Jahren. Sie entstammten einer Brahmanenfamilie aus Puruṣapura (heute Peshāwar, Pakistan) und bekannten sich ursprünglich zur Sarvāstivāda-Schule des Hīnayāna-Buddhismus. Asaṅga konvertierte zum Mahāyāna, wurde Mönch (bhikṣu) und konnte später auch seinen Bruder Vasubandhu zum Wechsel der Lehrrichtung bewegen. Vierzig Jahre lang soll Asaṅga für das Mahāyāna gewirkt haben, einige Zeit an der Klosterakademie Nālandā. Er ist der Autor von vier Büchern, darunter das schon erwähnte Yogācārabhūmiśāstra, von dem aber nur ein Teil, die Bodhisattvabhūmi, im indischen Original tradiert ist.

Vasubandhu wurde ein Jahr nach Asaṅgas Mönchsordination geboren. Schulung im Hīnayāna-System erhielt er zunächst in seiner Heimatstadt Puruṣapura, später in Kaschmir. Als Hīnayāna-Mönch verfaßte er den berühmten Abhidharmakośa (»Thesaurus der Scholastik«). Daß dieses Werk einem anderen Autor gleichen Namens zuzuschreiben sei, wie zeitweilig angenommen wurde, wird heute wieder in Zweifel gezogen.

Nach einem bewegenden Disput mit seinem zum Mahāyāna übergetretenen Bruder Asaṅga wechselte auch Vasubandhu zu dieser Lehrrichtung über. Mahāyāna-Mönch geworden, schrieb er

Asaṅga bei der Textexegese. Die tibetische Kunst bildet die buddhistischen Meister stets mit der Spitzmütze des Gelehrten (paṇḍita) ab, um ihre Wissensfülle anzudeuten.

in der Folgezeit zahlreiche Kommentare und Abhandlungen, die ihn weithin bekannt machten.

Sein Ruhm als Kommentator und Exeget war der Grund, daß Vasubandhu etwa im Jahre 383 n. Chr. von Kaiser Candragupta II. (Vikramāditya) zum Tutor des Kronprinzen Govindagupta Bālāditya an den Hof nach Ayodhyā berufen wurde. Er nutzte die einflußreiche Stellung, um das Mitleidsideal des Mahāyāna-Buddhismus in Taten umzusetzen, und regte die Einrichtung von Krankenhäusern, Schulen und Herbergen an. Später soll er, wie zuvor sein Bruder Asaṅga, einige Zeit in Nālandā gewirkt haben.

Obwohl Kronprinz Govindagupta, der im Jahre 391 zum Juniorkönig gewählt worden war, seinen Tutor und Freund in Ayodhyā

Der Ācārya Vasubandhu. Die linke Hand hält einen imaginären Bogen, die rechte spannt den imaginären Pfeil, um ihn gegen den Debattengegner abzuschießen. Die Paṇḍit-Mütze hat sich Vasubandhu zusammengefaltet als Sonnenschutz über den Kopf gelegt.

ein Dauerdomizil eingerichtet hatte, ließ Vasubandhu sich von der Lebensweise des Bettel- und Wandermönchs nicht abbringen. Immer wieder verließ er die Königsstadt und begab sich auf die Wanderung. Seine letzten Werke verfaßte er in Śākala (heute Siālkot) und Kauśāmbī. Er starb 396 mit achtzig Jahren in Ayodhyā oder in Nepāl.

Von Vasubandhu sind 17 Werke überliefert, sieben im Sanskrit-Original, die übrigen in tibetischer, in einem Fall chinesischer Übersetzung. Neben dem Abhidharmakośa, den er vom Hīnayāna-Standpunkt verfaßte, stehen seine Abhandlungen zum Mahāyāna. Die wichtigsten davon sind die Śāstras Trisvabhāvanirdeśa, »Darlegung der drei Existenzweisen«, und Vijñaptimātratāsiddhi, die »Verwirklichung (der Einsicht, daß alles) nur Vorstellungsgebilde ist«. Die Siddhi besteht aus zwei Traktaten, der Triṃśikā in dreißig und der Viṃśatikā in zwanzig Strophen.

Auch in der Zeit nach dem großen Brüderpaar brachte die Vijñānavāda-Schule bemerkenswerte Denker hervor, die vor allem auf den Gebieten der Erkenntnistheorie und Logik literarisch tätig waren. Diṅnāga (Dig-nāga) (4./5. Jh.) war ein direkter Schüler des Vasubandhu. Weiter zu nennen sind Sthiramati und Dharmapāla (6. Jh.), Candragomin, Dharmakīrti (7. Jh.), Dharmottara (9. Jh.) und Haribhadra (10. Jh.).

Ein Śāstra des Vijñānavāda-Systems: Vasubandhus »Darlegung der Drei Existenzweisen«

Vasubandhu schrieb für Mönche und setzt daher gute Kenntnis der buddhistischen Lehre voraus. Seine Strophen sind keine Lehr-, sondern Merkverse (kārikā). Das Trisvabhāvanirdeśaśāstra verfaßte er in hohem Alter, wahrscheinlich war es sein letztes Werk überhaupt. Erstaunlicherweise haben die 38 Strophen im alten Indien keinen Kommentator gefunden.

In der Sache geht das Śāstra mit dem Laṅkāvatārasūtra konform, ja es ist eigentlich erst aus der Kenntnis dieses Sūtra verständlich. Abweichungen gibt es allerdings in der Terminologie. Zudem ist die Ausdrucksweise des Traktats nicht präzise. Gelegentlich benutzt Vasubandhu für ein und dieselbe Sache verschiedene Ausdrücke, in anderen Fällen verwendet er *ein* Wort in wechselnder Bedeutung. Betrachtung verdient auch seine Logik, die den Stand des 4. Jahrhunderts n. Chr. widerspiegelt. a = b (wie in Strophe 18) reicht zum Identitätsbeweis nicht aus, es muß auch noch b = a (Strophe 19) bewiesen werden. Sehr befremdlich wirken die Definitionen und Gleichsetzungen aus der Negation: wenn das Fehlen eines Charakterzuges zur Sachbestimmung benutzt oder aus dem Umstand, daß zwei Dinge eine bestimmte Eigenschaft *nicht* aufweisen, ihre Identität gefolgert wird. Die Denkergeneration nach Vasubandhu hat die Anfechtbarkeit solchen Argumentierens erkannt. Es war Vasubandhus Schüler Diṅnāga (4./5. Jh.), der sich der Ausarbeitung einer philosophischen Logik widmete und die indische Argumentationskunst der Folgezeit auf eine neue Ebene hob.

Die Darlegung der Drei Existenzweisen (Trisvabhāvanirdeśa) – von Vasubandhu[1]

1. Das *Vorgestellte* (kalpita), das *Abhängige* (paratantra) und das *Absolute* (pariniṣpanna), dies sind die Drei Existenzweisen, die die Verständigen gründlich erkennen sollten.

Kommentar (des Übersetzers): Strophe 1 zählt die Drei Existenzweisen auf, die Folgestrophen definieren sie.

2. Dasjenige, was (als Person) erscheint, ist das Abhängige; (die Objektwelt), *wie* sie erscheint, das ist das Vorgestellte. (Das Abhängige) entsteht nämlich abhängig von Voraussetzungen; (das Vorgestellte) hat Dasein nur in der Vorstellung.

3. Die Absolute Existenzweise ist daran zu erkennen, daß es bei ihr, da sie keiner Wandlung unterliegt, das von einem Erscheiner (d. h. einer Person imaginierte) Wie-Erscheinen (d. h. eine Objektwelt) niemals gibt.

4. Was ist es, das da (als Abhängiges) erscheint? –: Die Vorstellung (kalpa) von etwas Nichtseiendem erscheint durch ein Dualitäts-Ich als Körper (d. h. eine Person). Durch deren Nichtexistenz (wird) die Dharmaheit der Nichtdualität (d. h. das Absolute sichtbar).

5. Was ist da Vorstellung des Nichtseienden? –: Der Geist (citta), durch den es (das Vorgestellte) vorgestellt wird. (So) *wie* (sich jemand) das Objekt vorstellt, so ist es keineswegs existent.

K: Strophe 2 definiert das Abhängige (d. h. die empirische Person) und das Vorgestellte (d. h. die Objektwelt) und erklärt, warum sie als abhängig bzw. vorgestellt bezeichnet werden, die Strophen 3 bis

---

1 Benutzte Textausgabe: St. Anacker: Seven Works of Vasubandhu, the Buddhist Psychological Doctor. Delhi 1984, p. 464 ff.

5 definieren alle drei Existenzweisen. Sie argumentieren dabei mit Negationen.

6. Der Geist ist je nach seiner Daseinsform als zweifach anzusehen, (nämlich) als Ursache (hetu) und als Wirkung (phala). (Als Ursache ist er) das sogenannte Speicher(- oder Grundbewußtsein), (als Wirkung) ist er das sogenannte Erscheinungsbewußtsein, das siebenfach ist.

7. Geist (citta) wird er genannt erstens, weil er zu Leiden (saṅkleśa) führende Karman-Samen angesammelt (cita) hat, zweitens aber wegen seines Auftretens als Projektion (ākāra) einer Vielheit (citra).

K: Strophe 6 zieht eine Linie zwischen dem Absoluten (»Ursache«) und den beiden sich aus ihm ableitenden Existenzweisen (»Wirkung«). Strophe 7 erläutert die Funktion des Grundbewußtseins = Geist, indem sie die zufällige Klangähnlichkeit dreier Sanskritworte heranzieht.

8. Kurzum: Die Einbildung von etwas Nichtseiendem wird als dreifach erkannt: (Karman-Samen) zur Reife bringend; mit Kennzeichen versehen; und scheinhaft.

9. Das Wurzelbewußtsein (= Grundbewußtsein) ist das erste, weil es die (karmische) Reifung (bedingt). Die anderen (beiden Existenzweisen) sind die Erscheinungsbewußtseine, weil sich aus ihnen die Unterscheidung in zu Sehendes (Objekt) und das Sehen (Subjekt) entwickelt (also Dualität).

K: Nachdem die Strophen 6 und 7 eine Zweiteilung des Daseins in Absolutes und Nicht-Absolutes (Abgeleitetes) vorgenommen hatten, kehren 8 und 9 wieder zum Dreiersystem zurück und versuchen eine weitere Definition der drei Existenzweisen.

10. Die Tiefe (Schwerverständlichkeit) der drei Existenzweisen (rührt) aus der Nichtverschiedenheit ihrer Kennzeichen. (Sie gelten nämlich als) existent und nichtexistent; dualistisch und monistisch; als Leiden (saṅkleśa) und (davon) frei.

K: Die drei Existenzweisen sind schwer zu begreifen, weil sie widersprüchliche Kennzeichen aufzuweisen scheinen. Die Folgestrophen schildern ihre (scheinbare) Ambivalenz.

11. Die Existenzweise des Vorgestellten wird durch ihr (vorgetäuschtes) Dasein erfaßt, ist (aber dem Wesen nach) gänzlich nichtexistent. Dadurch meint man, daß sie die Kennzeichen von Sein und Nichtsein besitze.

12. (Die Existenzweise) des Abhängigen (d.h. die empirische Person) existiert mittels Täuschung (bhrānti), existiert aber nicht so, wie sie erscheint. Dadurch meint man, daß sie die Kennzeichen von Sein und Nichtsein besitze.

13. Die Existenzweise des Absoluten existiert durch ihre Nichtdualität, sie ist Nichtexistenz einer Zweiheit. Dadurch meint man (auch bei ihr), daß sie die Kennzeichen von Sein und Nichtsein besitze.

K: Daß alle drei Existenzweisen die Kennzeichen von Sein und Nichtsein aufweisen, ist ein Irrtum: Das Vorgestellte ist nichtexistent (11), das Abhängige existiert nicht so, wie es erscheint (12), – nur das Absolute ist wahrhaft vorhanden (13). – Der Folgetext untersucht in gleicher Weise die Frage: Dualistisch oder nichtdualistisch?

14. Infolge der Dualität der (nur) vorgestellten Objekte und wegen des nicht-dualistischen Charakters des Nichtseienden wird die Existenzweise des Vorgestellten von Dummköpfen für dualistisch und (zugleich) nicht-dualistisch gehalten.

15. Infolge ihrer durch Dualität (hervorgerufenen) Sichtbarkeit, die (aber) nur Täuschung ist, und wegen ihres nicht-dualistischen Charakters wird die Existenzweise des sogenannten Abhängigen für dualistisch und (zugleich) nicht-dualistisch gehalten.

16. Weil sie die Eigennatur (d.h. die Basis) für das Dasein von Dualität und die *eine* Eigennatur (d.i. das Wesen) der Nichtzweiheit ist, wird die Existenzweise des Absoluten für dualistisch und (zugleich) nicht-dualistisch gehalten.

K: Nur Dummköpfe halten das Vorgestellte für nicht-dualistisch (14). Näher steht schon das Abhängige der Nicht-Dualität (15). Wirklich nicht-dualistisch aber ist nur die Existenzweise des Absoluten (16).

17. An dem Kennzeichen, daß sie mit Leiden verbunden sind, sind das Vorgestellte und das Abhängige zu erkennen. Das Kennzeichen des Freiseins (vom Leiden) aber gilt als das Absolute.

K: Die Existenzweisen des Vorgestellten und des Abhängigen sind leidhaft; das Absolute ist leidfrei.

18. Weil (das Vorgestellte) die Eigennatur der (nur eingebildeten, wesenhaft aber) nichtexistenten Dualität besitzt und weil (das Absolute) die Eigennatur des Nichtseins (von Dualität) aufweist, darum ist das Absolute, so sollte man erkennen, in seinen Kennzeichen von der Existenzweise des Vorgestellten nichtverschieden.

19. Weil (das Absolute) die Eigennatur der Nichtzweiheit besitzt und weil (das nur Vorgestellte) die Eigennatur der Nichtexistenz einer Dualität aufweist, darum ist das Vorgestellte, so sollte man erkennen, in seinen Kennzeichen vom Absoluten nichtverschieden.

20. Weil (das Abhängige, d. h. die empirische Person) so, wie sie erscheint, nicht existiert, und weil (das Absolute) die Eigennatur des Nichtseins einer solchen (Sichtbarkeit) besitzt, darum ist das Absolute in seinen Kennzeichen von der Existenzweise des sogenannten Abhängigen nichtverschieden.

21. Weil (das Absolute) die Eigennatur der nichtexistenten Zweiheit besitzt und weil (das Abhängige, die Person) so, wie sie erscheint, keine Eigennatur aufweist, darum ist das Abhängige, so sollte man erkennen, in seinen Kennzeichen vom Absoluten nichtverschieden.

K: Die Strophen 14 bis 16 hatten konstatiert, daß Dummköpfe die Drei Existenzweisen für *gleichzeitig* dualistisch und nicht-dualistisch halten: dualistisch seien die abgeleiteten Existenzweisen, nicht-dualistisch sei das Absolute. Demgegenüber erklären 18 bis 21 (unter Verwendung des Arguments aus der Negation), daß *alle drei* Existenzweisen identisch sind. Die Aussage wird zwar logisch anfechtbar begründet, ist aber im Gesamtsystem sinnvoll, da ja im Vijñānavāda alles »nur Geist« ist (vgl. Strophe 36).

22. Was ihr Entstehen angeht, wird bei den (drei) Existenzweisen unterschiedliche Reihenfolge erkannt: vom Standpunkt des (konventionellen) Sprachgebrauchs (die Entstehungsfolge: Absolutes, Abhängiges, Vorgestelltes) und vom Standpunkt des (geistigen In-sie-)Eindringens (die Erkenntnisfolge: Abhängiges, Vorgestelltes, Absolutes).

K: Die sogenannte Welt entsteht, indem aus dem Absoluten (d. h. dem Grundbewußtsein) das Abhängige (d. h. die empirische Person) und durch deren Denktätigkeit das Vorgestellte (d. h. die Welt) hervorgeht. Der Vorgang der Durchschauung der Welt und der Erlösung verläuft jedoch in anderer Reihenfolge. Er wird beschrieben in Strophe 24.

23. Das Vorgestellte (gibt es überhaupt nur) im (konventionellen) Sprachgebrauch; das weitere (d. h. das Abhängige, die Person) besitzt (= benutzt) den (konventionellen) Sprachgebrauch; die andere (d. h. absolute) Existenzweise wird als Aufhebung des (konventionellen) Sprachgebrauchs angesehen.

K: Die Strophe untersucht, wie weit sich das Denken und Sprechen in der Doppelten Wahrheit auf die Drei Existenzweisen anwenden läßt. Der konventionelle Sprachgebrauch erfaßt nur die Erscheinungen, der Sprachgebrauch im höchsten Sinne hingegen das wahre Wesen der Menschen und Dinge. Das Absolute ist nur mit dem Sprachgebrauch der Höchsten Wahrheit zu beschreiben.

24. (Auf dem Wege zur Erlösung) wird (mit dem Erkennen) zuerst das Abhängige (= die eigene Person) durchdrungen, die Nichtexistenz einer Zweiheit (weil wesenhaft mit dem Absoluten identisch) ist. Danach wird (das Vorgestellte) durchdrungen, das nur Vorstellung ist und Zweiheit von etwas Nichtseiendem.

25. Darauf wird dann das Absolute durchdrungen, das ein Sein, (aber) Nichtsein von Dualität ist. Da es so (beschaffen) ist, wird von ihm gesagt: »Es ist und ist nicht«.

K: Anders als die Entstehung der empirischen Welt (22) verläuft der Vorgang der sie aufhebenden Erkenntnis. Zuerst muß die Person (das Abhängige) als Nicht-Ich, dann die Welt (das Vorgestellte) als Ideation erkannt werden (24), – erst dann ist die erlösende Erkenntnis des Absoluten, des Grundbewußtseins möglich (25).

26. Diese drei Existenzweisen haben Kennzeichen, die monistisch und nicht zu begreifen sind: (Das Vorgestellte) wegen seiner (essentiellen) Nichtexistenz; (das Abhängige) weil es nicht so existiert (wie es erscheint); (das Absolute) weil es die Eigennatur jenes Nichtseins ist.

27. Wenn kraft eines Zauberspruchs (mantra) (aus einem Holzscheit) eine magische Erscheinung (māyā) entsteht wie (z. B.) ein Elefant, dann ist das eine bloße Projektion (ākāra), keineswegs aber ist da ein Elefant.

28. Die Existenzweise des Vorgestellten ist der Elefant. Das Abhängige ist die Erscheinung (ākṛti). Die (wesenhafte) Nichtexistenz des Elefanten, das wird als das Absolute erkannt.

29. (Genau) so erscheint eine (wesenhaft) nichtexistente Vorstellung mittels Dualität aus dem Wurzelcitta (mūlacitta). Es gibt da (jedoch) keinerlei Dualität: Da ist nur eine Erscheinung (ākṛti).

30. Das Wurzelbewußtsein (mūlavijñāna) ist wie der Zauberspruch, die Soheit ist wie das Holzscheit gedacht, die Vorstellung (vikalpa) ist wie die Projektion des Elefanten zu verstehen, die Dualität ist wie der Elefant.

K: Strophen 27 bis 30 illustrieren anhand des Zaubergleichnisses, wie die Weltideation aus dem Absoluten Grundbewußtsein hervorgeht. Das Gleichnis wird in Strophe 30 allerdings dadurch geschwächt, daß zur Erklärung von *drei* Dingen *vier* Vergleichselemente auftauchen. Es wäre überzeugender, wenn Wurzelbewußtsein und Soheit als identisch angesehen und mit dem Holzscheit parallel gesetzt würden. Der Zauberspruch wäre mit den (im Gleichnis nicht genannten) Karman-Samen gleichzusetzen, die die Objekt-Ideation auslösen.

Mit Strophe 24 hatte die Beschreibung des Erlösungsweges begonnen, die durch das Zaubergleichnis unterbrochen wurde. Strophe 31 nimmt den Faden wieder auf.

31. Hat man das wahre Wesen von allen (athatattva) durchdrungen, wobei einem gleichzeitig die drei (in Strophe 26 genannten) Kennzeichen (aufgehen), dann entstehen nacheinander Erkenntnis, Verzicht und Erlangung.

32. Erkenntnis (parijñā) ist Nichtanerkennen (anupalambha, des Vorgestellten). Verzicht wird betrachtet als Nichterscheinung (des Abhängigen, d. h. Ende der Individuation). Erlangung (des Absoluten) aber ist Erkennen (upalambha) ohne Zeichen, nämlich Verwirklichung aus eigenem Erschauen.

33. Durch Nichtanerkennen der Dualität verschwindet die Dualitätsprojektion. Durch ihr Verschwinden wird das Absolute als Nichtexistenz von Dualität verstanden.

34. Ebenso (geschehen) in (unserer gedachten) Zauberschau das Nicht(mehr)erkennen (anupalambha) des Elefanten, das Verschwinden der Erscheinung (ākṛti) und das Erkennbarwerden (upalambha) des Holzscheites gleichzeitig.

K: Die Erlösung vom ideativ selbstgeschaffenen Leiden erfolgt in drei Phasen: Erkenntnis (des Ideationscharakters der Welt), Verzicht (d. h. Aufgeben der Ich-Imagination) und Erlangung (des Erlöstheitszustandes durch das Erlebnis des Absoluten). Die vermeintliche Dualität ist damit aufgehoben, die Zauberschau »Welt« beendet.

35. Weil (die vorgestellten Sinnesobjekte) feindselige Gesinnung (z. B. Neid) bewirken, weil aus ihrem (oft betörenden) Anblick Außerkraftsetzung der Vernunft (buddhi) resultiert, weil es zudem mühelos ist, das Erlösungserlebnis (mokṣāpatti) zu haben, das aus Übereinstimmung mit dem dreifachen Wissen (jñāna) hervorgeht,

36. – darum ist die Nichtanerkenntnis (anupalambhatā) der mit den Sinnen erkennbaren Objekte (so sehr wichtig), die durch die Erkenntnis (upalambha) eintritt, daß alles nur Geist (cittamātra) ist. Durch die Nichtanerkennung (anupalambha) von (sinnlich) erkennbaren Objekten ergibt sich die Nicht(mehr)erkennbarkeit (anupalambhatā) des Geistes (wie im Gleichnis in Strophe 34 die des Elefanten und der Erscheinung).

K: Schlüssel zur Erlösung ist die Einsicht, daß alles »nur Geist« ist. Die Welt der Dinge hebt sich damit auf, der Geist wird nicht mehr in den Sekundärformen als Abhängiges und Vorgestelltes erlebt, sondern als das gestaltlose Absolute.

37. Durch das Nicht(mehr)erkennen (anupalambha) der beiden (d. h. des Objekts und des Geistes) entsteht Erlangbarkeit (upalambhatā) des Dharmadhātu, durch Erlangung (upalambha) des Dharmadhātu entsteht Erlangbarkeit der Überlegenheit (vibhutva, über die Naturgesetze).

38. Ist die Überlegenheit erlangt, wird dem Verständigen durch (den Einsatz) seiner (paranormalen) Fähigkeiten (siddhi) zum eigenen und fremden Nutzen die unübertreffliche Erleuchtung (bodhi) zuteil, die mit (der Erkenntnis) der drei (Buddha-)Leiber (kāya) einhergeht.

K: Mit dem Erlebnis der All-Einheit stellen sich für den Erlösten übernatürliche Fähigkeiten und Erkenntnisse ein.

Exkurs ins Zen

Madhyamaka- und Vijñānavāda-Ideen leben auch in Ostasien weiter: im Zen-Buddhismus. Diese Ausformung der Lehre des Buddha, deren älteste Quellen in chinesischer Sprache verfaßt sind, fällt nicht in die Zuständigkeit des Indologen. Der Indologe kann aber aus seiner Kenntnis der indischen Ursprünge Hinweise geben, die vielleicht das Verständnis des Zen erleichtern.

Die Vaterschaft Indiens für den Zen-Buddhismus ist schon aus dem Namen dieser Schule ersichtlich: (chin.) Chan oder (jap.) Zen ist die Übersetzung des Sanskrit-Wortes dhyāna, »Meditation«.

Eine Dhyāna-Schule, die sich der Meditation nach indischem Vorbild widmete, gab es in China schon seit dem 2. Jahrhundert n. Chr., indes ist sie mit dem, was man heute die Zen-Schule nennt, nicht völlig identisch. Denn Zen will mehr als meditieren: Es ist Rückkehr zum Natürlichen und Einfachen. Zen wendet sich gegen die Akademisierung der Buddhalehre, gegen ihre Verholzung in scholastischen Formeln, gegen die Schwerverständlichkeit der mahāyānischen Texte und versucht, das Absolute im direkten Erlebnis zu verwirklichen. Ein chinesisches Werk von 1108 definiert Zen:

Eine besondere Überlieferung außerhalb der Schriften,
nicht gegründet auf Worte und Schriftzeichen.
Indem sie direkt auf des Menschen Geist weist,
zeigt sie ihm (seine) Natur und die Erlangung der Buddhaschaft.

Als den Erfinder der direkten Methode und als den ersten namentlich bekannten Propagator des Zen (Chan) sehen manche modernen Forscher den indischen Mönch Guṇabhadra (geb. 394) an. Er war im Jahre 435 übers Meer nach China gekommen, hatte (als zweiter nach Dharmarakṣa) das Laṅkāvatārasūtra ins Chinesische übersetzt, und sah am Ende ein, daß nicht Schriftgelehrheit, sondern Erfahrung die Wahrheit erschließt. Guṇabhadra starb in China 468 n. Chr. mit 75 Jahren.

Öfter als Guṇabhadra wird der indische Meister Bodhidharma (geb. 470) genannt, der China um 520 n. Chr. erreichte. Er ist der Gründer der Zen-(Chan-)*Schule*, der 28. Patriarch der indischen Traditionslinie und der erste der chinesischen. Die Auffassung von Buddhismus, die er nach China brachte, fand ebenso begeisterte Anhänger wie entschiedene Gegner. Einige japanische Buddhismusforscher vermuten daher, Bodhidharma sei, als er 535 starb, einem Giftanschlag zum Opfer gefallen.

Nach Bodhidharmas Tod wurde die von ihm gegründete Schule von chinesischen Meistern geleitet.

Im 7./8. Jahrhundert, unter dem 6. Patriarchen Huineng (638–713), war die Chan-Schule in China eine geistige Kraft, die auch am Hofe des Kaisers Einfluß hatte. Huineng gab dem Chan die Form, die es noch heute besitzt.

Zen (Chan) hat einen indischen Vater, aber es wäre nicht Zen ohne seine chinesische Mutter. Der Charme des Zen, seine Bildersprache, entstammen der chinesischen, nicht der indischen Kultur. Was mit dem Buddhismus an Welterkenntnis und Erlösungswissen nach China kam, mit strengem Ernst formuliert und denkerisch bis in die letzte Konsequenz getrieben, im Zen wurde es durch Poesie verklärt und mit Lächeln dargeboten. Die Leistung der indischen Denker hatte darin bestanden, die philosophische Gans in die Flasche zu sperren; die Leistung des Zen war es, die Gans ohne Schaden aus der Flasche in die Freiheit zu setzen.

Die markantesten Dokumente des Zen sind die Koans (chin. gongan), pointiert formulierte Aussprüche früher Zenmeister. Sie teilen dem Schüler nicht Wissensinhalte mit, sondern unterstellen in konsequent mahāyānischer Weise, daß Heilswissen und Erlöstheit im Erlösungssucher latent vorhanden sind und nur freigesetzt werden müssen. Koans sind eine psychoaktive Wortarznei des Lehrers, ein psychologischer Nußknacker, der dazu dient, die Kruste von Gewohnheiten und den Verstandespanzer des Hörers aufzubrechen und ihn das in ihm selbst vorhandene Absolute erleben zu lassen.

Ein Koan wird dem Schüler von seinem Meister »aufgegeben« wie eine Hausaufgabe der Schule. Die rational lösbaren Koans gehören zu den leichten Aufgaben, sehr viel größer ist die Zahl der Koans, denen mit dem Verstand nicht beizukommen ist. Indem der Schüler über »seinem« Koan grübelt und meditiert, beginnt es in ihm zu wirken und seinen Geist zu beeinflussen. Dies geht so lange, bis das Koan sich in dem Schüler ausgewirkt, seine Provokanz für ihn verloren hat. Bewirkt das Koan im Geist des Schülers die Freisetzung der Erkenntnis, ist sein Ziel erreicht, wenn nicht, wird der Meister dem Schüler ein anderes Koan aufgeben. Die Bemühung um die »Lösung« eines Koans kann für den Übenden mit unerhörten geistigen und psychischen Spannungen verbunden sein, die Wochen und Monate andauern – und nicht immer gut ausgehen.

Die pädagogische Anwendung von Koans begann unter dem Zenmeister Nanyuan Huiyong (gest. 930). Die erste Koan-Sammlung stellte Fenyang Shanzhao (947–1024) zusammen und leitete damit eine regelrechte Mode des Koan-Formulierens und -Sammelns ein. Der Gipfel der Koan-Literatur wird erreicht mit den Werken Biyan lu (jap. Hekigan-roku), der »Aufzeichnung vom blauen Felsen« des Meisters Yuanwu Keqin (jap. Seccho; 980–1052), und mit dem Wumen guan (jap. Mumonkan), der »Schranke ohne Tor« des Meisters Wumen Huikai (jap. Mumon; 1183–1260). Das erstere Werk umfaßt 100, das letztere 48 Koans. Das Flair der Übertragungen in westliche Sprachen unterscheidet sich je nachdem, ob ein Sinologe oder ein Japanologe sie angefertigt hat.

Durch die Arbeiten von D.T. Suzuki (1870–1966) ist der Westler mehr mit der japanischen als mit der chinesischen Interpretation vertraut, obwohl das Zen (Chan) auf chinesischem Mutterboden entstand und – lange *nach* den anderen Formen von Buddhismus – erst 1191 seinen Einzug nach Japan hielt.

Zen ist Rückkehr zum Einfachen, aber kein Protest. Es wirft die starren Formen der mahāyānischen Systeme über Bord, nicht deren Inhalte. Im Gegenteil: Zen *ist* Mahāyāna-Buddhismus und ohne Kenntnis des Madhyamaka und des Vijñānavāda nicht ganz zu verstehen. Manches, das dem unvorbereiteten Leser von Zen-Texten bizarr oder widersinnig erscheint, ist aus der Kenntnis der indischen Systeme interpretierbar.

Was von den philosophischen Inhalten, die aus Indien nach China kamen, ist in den insgesamt 1700 Koans der Tradition überliefert?

Beim Durchblättern der beiden Sammlungen Biyan lu und Wumen guan zeigt sich, daß sowohl Madhyamaka als auch Vijñānavāda sich in Koans reflektieren. Die Koans der Madhyamaka-Gruppe ranken sich um die Stichworte »leer« und »Leerheit«, die Koans der Vijñānavāda-Gruppe um das Stichwort »Geist«. Alle sind getragen vom Bewußtsein der kosmischen Einheit und Nichtzweiheit.

Im folgenden werden einige die Madhyamaka- und Vijñānavāda-Philosophie umsetzende Koans der beiden genannten Sammlungen indologisch interpretiert. Sie sind durch die rationalistischen Erläuterungen nicht im Zen-Sinne gelöst, aber immerhin erlaubt die verstandesmäßige Betrachtung einen ersten Zugang.

Koans der Madhyamaka-Linie

Koan

Ein Mönch fragt Meister Zhaozhou: »Hat auch ein Hund Buddhanatur?«

Zhaozhou sagte: »Wu!« (Wumen guan 1)

Kommentar: Mit dem Ausruf »Wu!« macht Zhaozhou (geb. 778) nicht nur die gebellte Antwort eines Hundes nach – »wu« bedeutet im Chinesischen »nichts« oder »leer«. Die Antwort deutet sowohl die Vergänglichkeit dieses individuellen Hundes an, der leer = sterblich ist, als auch die zeitlose Leerheit = Buddha-Natur in allen Hunden und Wesen. Die Frage des Mönchs wird also bejaht.

Koan

Meister Yuean fragte einen Mönch: »(Der Stellmacher) Xizhong hat sicherlich hundert Wagen hergestellt. Was bleibt davon, wenn man die beiden Räder entfernt und die Achse wegnimmt? (Wumen guan 8)

Kommentar: Dinge und Wesen sind nur Konglomerate und existieren bloß so lange, wie die Attribute zusammenbleiben, aus denen sie gebildet sind. Es gibt keine Eigennatur »Wagen«, die nach Abzug der Attribute bestehen bliebe; alles ist leer. Ebenso gibt es nach Wegfall der Fünf Gruppen (skandha), die die empirische Person bilden, kein Ich oder Selbst. – Der Schluß auf die Leer*heit* wird in dem Koan nicht gezogen.

Das Beispiel vom Wagen ist schon im Pāli-Kanon belegt (S 5,10), wo es von der Nonne Vajirā gesprochen wird. Breit ausgeführt ist es im Milindapañha (2,1 I p.27).

Koan

Zhaozhou fragte einmal den Nanquan: »Was ist der Weg?« Nanquan erwiderte: »Der alltägliche Geist, das ist der Weg.«

Zhaozhou fragte: »Soll man sich auf ihn richten oder nicht?« Nanquan erwiderte: »Wer sich eigens nach ihm richtet, wendet sich von ihm ab.«

Zhaozhou fragte weiter: »Wie kann man wissen, ob es der Weg ist, wenn man sich nicht nach ihm richtet?« Nanquan erwiderte: »Der Weg ist keine Sache von Wissen und Nichtwissen. Wissen ist Illusion, Nichtwissen ist nichtig. Wenn man den Weg der Absichtslosigkeit verwirklicht, dann ist er weit und offen wie die große Leerheit. Wie könnte man darüber diskutieren?«

Bei diesen Worten wurde Zhaozhou plötzlich erleuchtet.

(Wumen guan 19)

Kommentar: Der Weg (chin. dao), das ist das selbstverständliche Tun im natürlichen Gefühl der All-Einheit, in welchem der individuelle Geist mit allem im Frieden lebt. Wer diesen Weg bewußt sucht, beweist damit, daß er ihn verloren hat, und baut sich durch seinen Eifer ein Hindernis auf. Zu finden ist der Weg durch Absichtslosigkeit.

Wissen – im Buddhismus als Erlösungsvoraussetzung unerläßlich – ist Illusion, weil das Finden des Weges nicht vom Intellekt abhängt. Nichtwissen ist nichtig, weil es zur Erlangung des Weges nichts beiträgt. Die Befreiung liegt in der großen Leerheit, die man nicht erlangen kann, weil man sie schon besitzt, die man aber erleben muß, um sie wahrlich zu eigen zu haben.

Nanquan (748–835) soll etwa 50 gewesen sein, als das Gespräch mit dem damals noch jungen Zhaozhou stattfand.

Koans der Vijñānavāda-Linie

Koan

Pang, der Privatgelehrte, nahm Abschied von Yaoshan, der ihn von zehn Zenschülern noch bis vor das Klostertor begleiten ließ. Da wies Pang auf das Schneetreiben in der Luft und sagte: »Alle diese zerstreuten Flocken fallen auf keinen anderen Ort.«
Einer der Zen-Schüler fragte: »Wohin fällt denn der Schnee?«
Pang gab ihm einen Backenstreich. (Biyan lu 42)

Kommentar: Die Welt ist ein Vorstellungsgebilde, so auch der Schnee. Er fällt in unseren Köpfen, nirgendwo sonst. Er kann auf keinen anderen Ort fallen, denn alles ist Geist.

Der Backenstreich gehört zu den Aufweckungsmethoden der Zen-Meister. Worte sind, dem Laṅkāvatārasūtra (2, p.105) zufolge, etwas Künstliches; Erkenntnisse können auch durch Blicke, Gesten, Hochziehen der Augenbrauen, Augenrollen, Lachen, Gähnen, Räuspern usw. vermittelt werden.

Yaoshan lebte von 750 bis 834.

Koan

Die Tempelfahne flatterte im Wind. Zwei Mönche diskutierten darüber. Der eine sagte: »Die Fahne bewegt sich.« Der andere sagte: »Der Wind bewegt sich.« Sie debattierten hin und her ohne sich einigen zu können. Der Patriarch sprach: »Weder der Wind noch die Fahne bewegt sich. Euer Geist ist es, der sich bewegt.«

Die beiden Mönche erschauderten. (Wumen guan 29)

Kommentar: Die Welt ist Vorstellung, sie ist Geist, was die beiden unerleuchteten Mönche noch nicht erkennen können. Der Patriarch, der sie belehrt, ist der berühmte Sechste, Huineng (638–713).

Koan

Kaiser Wu von Liang fragte den großen Meister Bodhidharma: »Was ist der höchste Sinn der heiligen Wahrheit?«

Bodhidharma erwiderte: »Offene Weite, nichts da von heilig!«

(Biyan lu 1)

Kommentar: Es gibt keine Trennung zwischen profanem und sakralem Bereich, alles ist Wirklichkeit und Nur-Geist. Unsere Wirklichkeit *hier* ist die *ganze* Wirklichkeit – offene Weite.

Der indische Mönch Bodhidharma war 520 n. Chr. nach China gekommen und zählt als der Erste Zen-Patriarch der chinesischen Tradition. Kaiser Wu (Xiao Yan), der Begründer der Liang-Dynastie, regierte von 502 bis 549.

Koan

Bei einer Unterweisung richtete Yunmen die folgenden Worte an seine Hörer: »Ich frage euch nicht nach den letzten 15 Tagen. Aber sagt mir einen kleinen Satz zu den nächsten 15 Tagen!«

Dann gab er an Stelle der Gefragten die Antwort selber: »Tag um Tag ist ein guter Tag.« (Biyan lu 6)

Kommentar: Nicht nur im Raum besteht Geistidentität zwischen allen Gegebenheiten, auch in der Zeit. Was der Geist im scheinbaren Ablauf von Zeit an Wandlungen vorgaukelt, ist auch nur Geistprodukt und hat seine Kontinuität eben durch den Geist.

Yunmen lebte von 864 bis 949.

Koan

Yangshan (Huiji) fragte Sansheng (Huijan): »Wie heißt du?«
Sansheng erwiderte: »Huiji.«
Yangshan sagte: »Huiji, das bin doch ich!« Sansheng entgegnete: »Dann heiße ich eben Huijan.«
Yangshan lachte gewaltig. (Wumen guan 68)

Kommentar: Nach der Wahrheit im höchsten Sinne ist Zweiheit Illusion, Verschiedenheit nichts als Einbildung. Sanshengs Aneignung des Namens seines Gegenübers nimmt die monistische Identität aller Wesen beim Wort und überträgt sie in den Alltag. Sanshengs zweite Erwiderung, mit der er unter dem Zwang der Alltagslogik, aber wie spielerisch zu seinem eigenen Namensetikett zurückkehrt, deutet die Belanglosigkeit unterscheidender Namen an. Yangshan reagiert spontan durch Lachen, er empfindet den Zusammenstoß der »Wahrheit im höchsten Sinne« mit der Weltkonvention als komisch.

Yangshan (Huiji) lebte von 807 bis 883 oder 813 bis 890; Sanshengs (Huijans) genaue Lebensdaten sind nicht überliefert.

II. Buddhas der Zeit, Buddhas des Raums, der Ādibuddha

Gautama und seine Vorgänger

Wenn ein Mann die Waldwildnis durchstreift und plötzlich eine überwachsene Straße findet, die zu einer vergessenen Stadt mit Gärten und Teichen führt, genau wie dieser Mann habe er mit seiner Lehre eine von den Buddhas früherer Zeiten begangene Straße wiederentdeckt, so hatte der historische Buddha Gautama erklärt (S 12, 65). Er hatte damit deutlich gemacht, daß es schon vor ihm Buddhas gegeben habe, deren Offenbarung aber in Vergessenheit geraten war.

Das Mahāyāna beschreibt das Erscheinen von Buddhas als epochales und seltenes Ereignis:

> Irgendwann, irgendwo, irgendwie in der Welt treten Übermänner ins Dasein. Wenn sie, deren Augen ins Unendliche reichen, dann in der Welt erstanden sind, offenbaren sie eines Tages (alle) die gleiche Lehre (dharma).
>
> (SP 2, 135)

Der Pāli-Kanon (D 14,1 ff.) nennt sechs Buddhas, die dem geschichtlichen Gautama voraufgegangen seien. Drei von ihnen lebten in lange zurückliegenden Weltperioden, drei weitere gehören dem gegenwärtigen Weltzeitalter an. Nach Gautama, dem vierten Buddha unserer Weltperiode, wird als fünfter noch der Buddha Maitreya erscheinen (D 26, 25). Gesegnet mit fünf Erleuchteten, ist unsere Ära ein glückliches Zeitalter (bhadrakalpa).

Zeitansatz	Pāli-Name	Großfamilie	Kaste	Eltern	Wohnort	Sanskrit-Name
vor 90 Weltzeitaltern	Vipassī	Koṇḍañña	Krieger	König Bandhuma + Bandhumatī	Bandhumatī	Vipaśyin, »Klarseher«
vor 31 Weltzeitaltern	Sikhī	Koṇḍañña	Krieger	König Aruna + Pabhāvatī	Aruṇavatī	Śikhin, »Der mit dem Haarknoten«
	Vessabhū	Koṇḍañña	Krieger	König Suppatīta + Yasavatī	Anopama	Viśvabhuj, »Der Allgenießer«?
im gegenwärtigen Weltzeitalter	Kakusandha	Kassapa	Brahmane	Aggidatta + Visākhā	Kgl. Residenz in Khemavatī	Krakucchanda, »–?–«
	Konāgamana	Kassapa	Brahmane	Yaññadatta + Uttarā	Kgl. Residenz in Sobhavatī	Kanakamuṇi, »Der Goldweise«
	Kassapa	Kassapa	Brahmane	Brahmadatta + Dhanavatī	Kgl. Residenz in Vārāṇasī	Kāśyapa
	Siddhattha Gotama	Gotama	Krieger	König Suddhodana + Māyā	Kapilavatthu	Siddhārtha Gautama
	Metteyya	Buddha der Zukunft:				Maitreya

Buddhas der fernen Vorzeit

Die vier verloschenen von den fünf Buddhas des gegenwärtigen Weltzeitalters.

Im Laufe der Jahrzehnte reicherte sich die Liste der Vorzeitbuddhas weiter an. Das zur Sammlung der kleinen Schriften (Khuddakanikāya) des Pāli-Kanons gehörige Buch Buddhavaṃsa, »Genealogie der Buddhas« (ca. 3. Jh. v. Chr.) zählt 25 Buddhas der Vergangenheit auf, von denen die letzten sieben mit den im Dīghanikāya genannten identisch sind.

Die Gruppe der 25		Die Gruppe der 7
Pāli-Name	*Sanskrit-Name*	
1. Dīpaṅkara	Dīpaṅkara	
2. Koṇḍañña	Kauṇḍiya	
3. Maṅgala	Maṅgala	
4. Sumana	Sumana	
5. Revata	Raivata	
6. Sobhita	Śobhita	
7. Anomadassa	Anavamadarśin	

	Die Gruppe der 25		Die Gruppe der 7
	8. Paduma	Padma	
	9. Nārada	Nārada	
	10. Padumuttara	Padmottara	
	11. Sumedha	Sumedha	
	12. Sujāta	Sujāta	
	13. Piyadassi	Priyadarśin	
	14. Aṭṭhadassi	Arthadarśin	
	15. Dhammadassi	Dharmadarśin	
	16. Siddhattha	Siddhārtha	
	17. Tissa	Tiṣya	
	18. Phussa	Puṣya	
	19. Vipassi	Vipaśyin	Vipaśyin
	20. Sikhī	Śikhin	Śikhin
	21. Vessabhu	Viśvabhuj	Viśvabhuj
gegenwärtiges Zeitalter	22. Kakusandha	Krakucchanda	Krakucchanda
	23. Koṇāgamana	Kanakamuni	Kanakamuni
	24. Kassapa	Kāśyapa	Kāśyapa
	25. Gotama	Gautama	Gautama.

Die drei Buddhas unseres Weltzeitalters vor Gautama galten den frühen Buddhisten keineswegs als unhistorisch. Die chinesischen Mönche Faxian (Fa-hsien) und Xuanzang (Hsüan-tsang), die den Gangeskontinent im 5. bzw. 7. Jahrhundert n. Chr. auf der Suche nach den heiligen Büchern des Buddhismus bereisten, teilen mit, Stätten und Gedenksäulen gesehen zu haben, die den Buddhas Krakucchanda, Kanakamuni und Kāśyapa gewidmet waren.

Nicht Einzel-, sondern Gruppenverehrung scheint dagegen den Buddhas der weiter zurückliegenden Weltzeitalter gegolten zu haben. Es gibt alte Reliefs, die alle 25 Buddhas nebeneinander zeigen. Sie entsprechen alle demselben Typus und wären nicht unterscheidbar, wenn nicht hinter jedem der Baum der Erleuchtung angedeutet wäre. Jeder Buddha soll seine Bodhi unter einer anderen Baumart erlebt haben. An den verschiedenen Blattformen sind die Buddhas der Vorzeit identifizierbar.

Nur einer der Vorzeitbuddhas wurde auch und wird noch individuell verehrt: der Buddha Dīpaṅkara. Er, der »Lichtmacher«, ist es gewesen, der als erster Buddha die Leuchte (dīpa) der Lehre in der Welt entzündet hat. In Nepāl, dessen Buddhisten ihm einen

Sumedha bereitet dem Buddha Dīpaṅkara durch seinen Haarschopf den Weg. Dīpaṅkara, »der Lichtmacher«, ist durch Flammen gekennzeichnet, die ihm aus den Schultern schlagen. (Nach einer Gandhāra-Skulptur im Museum Kabul)

speziellen Feiertag widmen, gibt es von ihm Steinskulpturen, die ihn stehend darstellen: mit zahlreichen kleinen Nischen im Gewand, in denen Öllämpchen brennen. Auch die Dharma-Bekenner im Lande der Mitte feierten ihn. Im achten Monat des chinesischen Kalenders begingen sie einen Tag als Dīpaṅkara-Tag.

Noch ein zweiter Grund macht Dīpaṅkara zum Objekt der Verehrung. Seine Gegenwart auf der Erde war es nämlich, die den Brahmanen Sumedha bewogen hatte, die Buddhaschaft anzustreben und dereinst als der Buddha Gautama die Lehre erneut zu offenbaren. Der Buddhavaṃsa schildert die Einzelheiten.

Vor vielen Weltaltern, zu Zeiten des Buddha Dīpaṅkara – so der Buddhavaṃsa (2,4 ff.) – gab es einen reichen Brahmanen namens Sumedha. Von der Welt angeekelt, war Sumedha Asket geworden, hatte sich in eine Einsiedelei im Himālaya zurückgezogen und lebte dort von wilden Früchten. Als er nun hörte, daß der Buddha Dīpaṅkara in der Welt erschienen sei und die Leute schon die Straße fegten, auf der dieser Buddha in die Gegend kommen werde, begab sich auch Sumedha hinaus, um bei der Straßenreinigung zu helfen. Aber ehe er seinen Straßenabschnitt in Ordnung gebracht hatte, war Dīpaṅkara schon herangekommen. Da löste Sumedha seine Haarflechten, warf sich auf die Erde, breitete sein langes Haar über den Straßenschmutz und bot so dem Buddha Dīpaṅkara einen sauberen Weg. Zugleich faßte er den Vorsatz, dereinst selber ein Buddha zu werden und anderen Wesen zur Erlösung zu verhelfen. Dīpaṅkara, als Buddha in der Lage Gedanken zu lesen, hielt darauf bei Sumedha an und erklärte der umstehenden Menge, dieser Asket werde nach vielen Weltzeitaltern ein Buddha werden: Er werde in der Stadt Kapilavatthu als Sohn des Rāja Suddhodana und seiner Gemahlin Māyā zur Welt kommen und Gotama (Skt. Gautama) heißen. Dann schritt er weiter, und die Wesen jubelten dem zukünftigen Buddha zu. Sumedha begann sofort, die zehn Tugendvollkommenheiten (pāramitā) zu entwickeln, die zur Buddhaschaft führen.

Viele Weltalter später erschien er auf der Erde als Siddhārtha Gautama, der Buddha unserer Epoche.

Vom irdischen zum himmlischen Buddha

Was den historischen Buddha Gautama vor anderen Menschen auszeichnete, war die Erleuchtung (bodhi); durch sie war er zum *Buddha*, zu einem »Erleuchteten« oder »Erwachten« und damit zu einem Übermenschen (P. mahāpurisa) geworden. Als er nach der Bodhi seine ehemaligen Gefährten Kondañña, Bhaddiya, Vappa, Mahānāma und Assaji wiedertraf, mit denen er auf der Suche nach Erlösung gemeinsam Askese betrieben hatte, ließ er sich von ihnen nicht mehr als Mitbruder ansprechen, sondern verbat sich den familiären Ton mit den Worten: »Mönche, redet den So-Gekommenen (tathāgata) nicht (mehr) mit dem Namen und der Bezeichnung ›Bruder‹ (āvuso) an. Ein Heiliger (arahant) ist der So-Gekommene, ein Vollkommener *Buddha*!« (M 26 I, p.171). Jahre später erklärte er dem Brahmanen Doṇa, er sei weder ein Gott noch ein Himmelswesen (gandhabba), weder ein Naturgeist (yakkha) noch ein Mensch – er sei ein *Buddha* (A 4,36). Ein Buddha ist eine Kategorie für sich.

Auch Gautamas Anhänger respektierten seine Weltüberlegenheit. Das wird deutlich in der Formel, mit der sie ihn zu preisen pflegten: »Er ist der Erhabene, der Heilige, der Vollkommen-Erleuchtete, vollendet in Wissen und Wandel, glücklich, ein Welterkenner, der unübertreffliche Menschenerzieher, ein Lehrer für Götter und Menschen, ein erhabener Buddha«. (D 3,2 I, p.87)

Rund zwei Jahrhunderte blieb Gautama in der Vorstellung der Dharma-Bekenner ein irdischer Buddha, dann, mit dem Entstehen neuer Schulen, wandelte sich das Bild.

Die aus dem Mahāsaṅghika hervorgegangene Lokottaravāda-Schule erhöhte Gautama zu einem überweltlichen (lokottara) und transzendenten Wesen. Einige westliche Autoren sprechen von seiner »Vergottung« – ein im buddhistischen Sinne falscher Ausdruck. Denn die Götter gelten im Buddhismus als unerlöst und der Wiedergeburt unterworfen. Ein Buddha hingegen ist durch seine Erleuchtung *erlöst*: Nicht Wiedergeburt, sondern Ausscheiden aus dem Saṃsāra steht ihm bevor. Den ins Himmlische transponierten Buddha einen Gott nennen bedeutet, ihn weit unter seinem Rang einzustufen.

Der transzendente Buddha des Mahāyāna

Die Auffassung der Lokottaravādins, daß der Buddha transzendent und sein Erdenauftritt nur eine Vorspiegelung, ein Zugeständnis (anuvṛtti) an die Menschen zum Zwecke der Erlösung gewesen sei, war von Beginn an auch die des Mahāyāna. Sie entsprach seiner monistischen Grundüberzeugung, denn wenn das Mahāyāna die essentielle Identität eines jeden Wesens mit dem Buddha betont, kann dieser nicht als ein historisch-zeitgebundener, sondern muß als ein zeitloser und absoluter Buddha verstanden werden.

Am klarsten wird der transzendente Buddha des Mahāyāna im Saddharmapuṇḍarīkasūtra beschrieben, im »Sūtra vom Lotos des guten Gesetzes«. Der Puṇḍarīka ist ein weißer Lotos, der nicht wie die meisten Lotosarten auf der Wasseroberfläche blüht, sondern durch einen langen Stiel hoch über das Wasser emporgehoben wird. Das Saddharmapuṇḍarīkasūtra entstand in seinen ältesten Teilen im 1. Jahrhundert n. Chr.

Gautama Śākyamuni, als Transzendenter Buddha über der Erde schwebend. Die Almosenschale, beim Irdischen Buddha das Würdezeichen des Ordensoberhauptes, kennzeichnet den Transzendenten Buddha als Herrn eines Buddha-Landes.

Die langen Ohrläppchen erinnern an den Ohrschmuck, den der historische Gautama, Sohn aus reichem Hause, bei seinem Auszug in die Hauslosigkeit abgelegt hat. Sie sind somit ein Zeichen der Entsagung.

Das Saddharmapuṇḍarīkasūtra zeichnet den Buddha Gautama Śākyamuni, »den Weisen aus dem Śākyageschlecht«, als überirdischen universalen Retter und Heilsbringer:

> Wie eine Wolke, die sich über der Welt erhoben hat und, alles bedeckend, die Erde einhüllt, (5)

wie diese große Wolke, mit Wasser gefüllt und von Blitzen umkränzt, ihren Donner erschallen läßt und alle Wesen erfreut, (6)

wie sie (dann) eine gewaltige Wassermenge losläßt (und), sich ringsum ergießend, diese Erde erfrischt, (8)

– ebenso erscheint auch der Buddha in der Welt wie eine Wolke, und nachdem er, der Herr der Welt, erschienen ist, offenbart er den Lebewesen den rechten Wandel. (16)

Und so verkündet der große Seher, der in der (ganzen) die Götter einschließenden Welt verehrt wird: »Der Vollendete bin ich, der höchste der Menschen, der Sieger, in der Welt erschienen wie eine Wolke. (17)

Alle Wesen werde ich erfrischen, deren Glieder verdorren (und) die sich an das dreifache Dasein (in den drei Weltsphären) klammern. Die durch das Leid dahinwelken, die will ich ins Glück (sukha) führen; ihnen werde ich die Wünsche (erfüllen) und Ruhe (nirvṛti) geben. (18)

Höret mich, ihr Scharen von Göttern und Menschen, kommet herbei, um mich zu sehen! Der Vollendete bin ich, der Erhabene, der Höchste; zur Rettung (der Wesen) bin ich hier in der Welt geboren. (19)

Zu tausend Millionen von Wesen spreche ich, um ihnen die reine Lehre zu zeigen. Sie hat (nur) einen einzigen Gehalt: Die Erlösung (vom Leiden) und die Ruhe«. (20) (SP 5,5 ff., p. 86 f.)

Die Funktion des Transzendenten Buddha zu begreifen setzt Verständnis des Begriffs »dharma« voraus. Dharmas sind einerseits die Naturgesetze, die der Buddha kraft seiner Erleuchtung erkannt und als *die* Wahrheit (dharma = Lehre) formuliert und offenbart hat, andererseits die zu Erlösung führenden Verhaltensnormen, die er daraus ableitet. Genauer ausgedrückt: Dharmas (als Naturgesetze) sind die Vergänglichkeit alles Daseienden und der karmische Konditionismus, der aus gutem Tun (karman) bessere Wiedergeburt erwachsen läßt; Dharmas (als Setzungen) sind die ethischen Regeln, die zu Wissen und zur Erlösung von der Wiedergeburt führen. Es darf daher nicht wundern, wenn der Buddha sich sowohl als Erkenner wie auch als Einsetzer von Dharmas bezeichnet.

> Der Vollendete ist der Herr (Erkenner) des Dharma (der Naturgesetze = Wahrheit = Lehre), der König aller Dharmas (ethischen Regeln), ihr Souverän und Beherrscher (weil er sie alle verwirklicht hat). Der Dharma (Kanon ethischer Regeln), den der Vollendete dort (in der Welt) eingesetzt hat (upanikṣipita), der ist so (wie er verkündet wurde, erlösungswirksam). Alle Dharmas (ethischen Regeln) sind (nämlich) vom Vollendeten wirkungsvoll eingesetzt worden. Durch das Wissen eines Vollendeten eingesetzt, sind die Dharmas (ethischen Normen) so (geartet), daß sie zur Stufe der Allwissenheit führen. Der Vollendete hat den Sinn und das Endziel aller Dharmas (Normen) rundum betrachtet. (Alles dies) hat der Vollendete, Heilige, Vollkommen Erwachte erlangt: Meisterschaft (Verständnis) über den Sinn aller Dharmas (Naturgesetze), Überlegenheit über alle Dharmas (Naturgesetze) sowie höchste Vollendung in der Definierung, Nutzung und Erkenntnis aller Dharmas...
>
> (SP 5, p.84)

Als transzendentes Wesen ist der Buddha zeitlos (aparimitāyus) und immerwährend (sadā sthita) (SP 15 p.190). Entsprechend groß ist die Zahl derjenigen, die er in Myriaden von Jahren bereits zur Buddhaerkenntnis geführt hat. Da aber nur fortgeschrittene Erlösungssucher (Bodhisattvas) imstande sind, ihn in seiner himmlischen Gestalt zu erkennen, muß er sich den Wesen von sich aus zeigen. Zu diesem Zweck hält er von Zeit zu Zeit auf dem Geiergipfel Jüngerversammlungen ab, bei denen er sich als transzendent offenbart und die irdischen Buddhas und ihr Verlöschen als pädagogischen Kunstgriff (upāyakauśalya) erkennen läßt, als eine Projektion mit der Absicht, die Erdenwesen auf den Erlösungsweg zu bringen.

> Unausdenkbare tausend Millionen von Weltzeitaltern, deren Dauer niemals ergründet werden kann, ist es her, seit ich zuerst die Erleuchtung erlangt habe. Ständig lege ich (seitdem) die Lehre dar. (1)

Ich ergreife (mit der Lehre) zahlreiche Bodhisattvas und versetze sie in buddhaartige Erkenntnis. Viele Millionen Myriaden Wesen lasse ich während vieler Millionen Weltzeitalter (zur Erleuchtung) heranreifen. (2)

Ich spiegele den Bereich (bhūmi) des Nirvāṇa vor. Als Mittel zum Zwecke der (sittlichen) Zucht erzähle ich den Wesen (davon). Ich bin jedoch zu dieser Zeit nicht erloschen: Ich bin hier (auf dem Geiergipfel) und offenbare die Lehre. (3)

Wenn sie (die Menschen) mich als vollkommen erloschen betrachten, bringen sie den Reliquien vielerlei Verehrung dar. Indem sie mich nicht (mehr) sehen, entwickeln sie Verlangen (nach mir). Dadurch wird ihr Geist aufrichtig. (5)

Wenn die Wesen aufrichtig sind, sanftmütig, nachsichtig und frei von Begierden, dann veranstalte ich eine Versammlung der Jünger und zeige mich (ihnen) auf dem Geiergipfel(berg). (6)

Und dann spreche ich so zu ihnen: »Nicht bin ich hier (für diese Welt) erloschen, Mönche. Das (scheinbare Nirvāṇa) war ein Kunstgriff von mir (die Wesen innerlich aufzurichten). Wieder und wieder erstehe ich in der Welt der Lebewesen.« (7)

(SP 15,1 ff, p.192 f.)

Da Voreingenommenheiten bei einem Buddha zur Ruhe gekommen sind, verkündet er den Dharma völlig unparteiisch.

Mit einer (und derselben) Stimme verkündige ich (allen) die Lehre, indem ich stets die Erleuchtung als das Endziel herausstelle. Denn diese ist (für alle) gleich, Parteilichkeit gibt es (bei mir) nicht, (für mich) gibt es weder Zu- noch Abneigung. (21)

Bei mir gibt es keine Bevorzugung und weder Liebe noch Haß für irgend jemanden. Ich trage den Dharma in gleicher Weise den Menschen vor, wie dem einen Wesen, so dem anderen. (22)

Ich erfrische diese ganze Welt wie eine Wolke, die gleichmäßig Wasser ausgießt. Dieselbe Erleuchtung ist für Edelgeborene und Niedrige, für Schlechte wie auch für Tugendhafte. (24)

(SP 5,21 ff., p.87 f.)

Trotz seiner Unparteilichkeit ist der Buddha nicht jedem sichtbar. Es hängt vom Karman eines Menschen ab, ob er den Buddha erschaut und seine Botschaft hört. Die überwiegend unheilsame Taten (karman) getan haben, sind taub für den Dharma und blind für den Buddha.

> Durch viele Millionen Weltzeitalter hören sie, wenn sie geboren sind, nicht meinen Namen, (ebensowenig den) der (anderen) Vollendeten noch den der Lehrer (oder) den meiner (Mönchs)-schar. So beschaffen ist die Frucht der bösen Tat. (15)
>
> Wenn aber sanftmütige und nachsichtige Wesen hier in dieser Menschenwelt entstehen, dann sehen sie mich, sobald sie entstanden sind, aufgrund ihrer guten Tat, wie ich die Lehre offenbare. (16) (SP 15,15 f., p.194)

Der Ort, von dem aus der Transzendente Buddha seine Worte an die Menschheit richtet, ist der ins Mythische gesteigerte Geiergipfel (gṛdhrakūṭa). Auf diesem Berge bei Rājagṛha (heute Rājgir), den der historische Buddha sehr schätzte und wo er viele Lehrreden hielt, hat der Transzendente Buddha sein Paradies eingerichtet, das den Durchschnittsmenschen allerdings unsichtbar bleibt. Weil ihnen die Einsicht in die generelle Erlöstheit der Welt nicht aufgegangen ist, erkennen sie nicht das Buddhaparadies, sondern sehen nur Elend und Leid.

> Durch unausdenkbare tausend Millionen von Weltzeitaltern ist dies meine Wohnstatt. Nicht für Millionen anderer Ruhestätten verlasse ich diesen Geiergipfel. (10)
>
> Sogar wenn die Wesen diesen Weltteil anschauen und ihn für brennend halten, auch dann ist dieses mein Buddhaparadies voll mit Göttern und Menschen. (11)
>
> Vielerlei Spiele und Erlustigungen gibt es dort, Millionen von Gärten, Palästen und Himmelswagen. Mit Bergen aus Edelsteinen ist es geschmückt und mit Bäumen, die gleichzeitig Blüten und Früchte tragen. (12)
>
> Oben spielen Götter auf Instrumenten und lassen einen Regen von Madāravablüten herabrieseln. Sie bestreuen mich, die

(hīnayānischen) »Hörer« und jene anderen Einsichtigen, die hier die Erleuchtung verwirklicht haben. (13)

So ist dieses mein Paradies, das immerwährende, beschaffen. Andere (aber) glauben, daß es brenne. Sie sehen (aufgrund ihrer karmischen Belastung) nur die überaus schreckliche, heimgesuchte und mit hundert Sorgen überschüttete Welt. (14)

(SP 15,10ff., p.193f.)

Das Buddha-Paradies wird beschrieben, gilt aber im Saddharmapuṇḍarīkasūtra noch nicht als ein Zwischenparadies, in dem der Erlösungssucher durch seinen Glauben Wiedergeburt anstreben sollte.

Das Dreileiber-System

Daß der irdisch-historische Buddha die Sichtbarwerdung eines höheren Prinzips sei, hatte sich schon im Hīnayāna-Buddhismus angedeutet, wo eine Stelle des Pāli-Kanons (D 27,9) den Vollendeten (tathāgata) als den Dharma-Leib (P: dhammakāya) definiert. Durch die Lokottaravādins wurde die doketische Buddha-Interpretation im Mahāyāna Grundlehre.

Das mahāyānische Dreileiber-(trikāya-)System erwuchs zwangsläufig, denn es war unvermeidlich, daß irgendwann in der Geschichte des Buddhismus die Überlieferung vom historischen Buddha, die Auffassung vom überirdisch-transzendenten Buddha und die philosophische Idee von der absoluten Buddhaheit harmonisiert werden mußten. Erstmalig geschah dies im Laṅkāvatārasūtra, das den Ausdruck »trikāya« zwar noch nicht verwendet, aber bereits den absoluen Dharmatābuddha, den transzendenten Niṣyandabuddha und den irdischen Nirmāṇabuddha unterscheidet (LS 2, p.56.f.). Die Bezeichnung Trikāya-, Dreileiber-System, kam im 4. Jahrhundert n. Ch. in den Kreisen der Vijñānavādins auf, die sich besonders auf das Laṅkāvatārasūtra stützen und in dessen Lehre von den drei Existenzweisen (trisvabhāva) ein Vorbild für eine Dreierkonstruktion besaßen.

Das Dreileiber-System unterstellt die innere Identität der drei Buddha-Aspekte und bringt sie nach Realitätsgraden in eine Stufenordnung. In Umkehrung der weltlichen Auffassung, die den höchsten Wirklichkeitsgrad dem historischen Buddha zuerkennt, sieht das System als höchste Realität den Dharmakāya an. Es unterscheidet:

a) Dharmakāya, den »Leib« des Absoluten, das Buddha-Prinzip,
b) Sambhogakāya, den »Leib« der überweltlichen Buddha-Erscheinungen und
c) Nirmāṇakāya, den sichtbaren, für jeden erkennbaren »Leib«, das heißt die in der Welt auftretenden Buddha-Gestalten.

a) Der Dharmakāya

Der Dharmakāya, »Dharma-Leib«, ist allen Buddhas gemeinsam, in ihm sind sie identisch und eins. Lediglich die Vorform der Dharmakāya-Lehre, wie sie in den ältesten Prajñāpāramitā-Büchern dokumentiert ist, nimmt für jeden Buddha einen eigenen Dharmakāya an. So erklärt im Diamantspalter-Sūtra (Vajracchedikā-Prajñāpāramitā) der transzendente Buddha dem Jünger Subhūti, diejenigen, die sich der Lehre des sichtbar gewesenen (historischen) Buddha widmen, seien außerstande, den wirklichen, den transzendenten Buddha, zu erkennen; das Wesentliche bei den Buddhas seien ihre Dharmakāyas:

Die mich gesehen haben von Gestalt
und mir gefolgt sind wegen meiner Stimme:
Sie haben sich dem falschen Dienst geweiht,
die Leute werden niemals mich erschaun.

Vom Dharma her sind Buddhas anzusehn,
die Dharmakāyas sind ihr Leitprinzip.
Jedoch ist Dharmatā nicht zu verstehn,
unmöglich ist's, sie (andern) zu erklärn. (VP 26)

Die klassische Form der Dharmakāya-Vorstellung, nämlich daß der *eine* Dharmakāya das Gemeinsame *aller* Buddhas ausmacht, findet sich im Laṅkāvatārasūtra. Der transzendente Buddha, nach der Bedeutung seiner Äußerung »Ich bin alle Buddhas der Vergangenheit« befragt, entgegnet dort dem Bodhisattva Mahāmati:

(Einst, jeweils) zu ihrer Zeit, war ich (die Vorzeitbuddhas) Krakucchanda und Kanakamuni und Kāśyapa. ... Ich und die (anderen) Vollendeten, Heiligen und Vollkommenen Buddhas sind durch den Dharmakāya ... identisch. Die Vollendeten sind unverschieden, außer daß sie sich zum Zwecke der Disziplinierung der durch ihr Lebensmilieu verschiedenen Wesen in verschiedener Gestalt zeigen. (LS 3, p.141 und 142)

Der Dharmakāya ist die allen Buddhas gemeinsame, ihr Wesen ausmachende, dualitätsfreie, zugleich immanente und transzendente Wahrheit und Wirklichkeit. »Dharmakāya« ist ein anderer Name für das Absolute, an dem jeder, wissentlich oder unwissentlich, teilhat.

b) Der Sambhogakāya

Zum Sambhogakāya zählen die Vollendeten, die als strahlende himmlische Buddhas auftreten. Sie sind transzendent, das heißt, nicht mit den Sinnesorganen wahrzunehmen, sondern nur spirituell erfahrbar. Sie werden nur solchen Menschen sichtbar, die höhere geistige Fähigkeiten entwickelt haben, nämlich fortgeschrittenen Bodhisattvas.

Anders als der Dharmakāya, der jenseits von Gefühlsregungen ist, sind die Sambhogakāya-Buddhas von Weisheit (prajñā) und Mitleid (kṛpā) geleitet (LS 2,1). Um diese Qualitäten weiterzugeben, halten sie von Zeit zu Zeit an überirdischen Orten Lehrversammlungen ab, zu denen Bodhisattvas in unendlicher Zahl herbeiströmen. Einige Sambhogakāya-Buddhas sind zudem Hüter von Zwischenparadiesen (buddhakṣetra), in denen Gläubige wiedergeboren werden können, um dort die inneren Verunreinigungen zu bekämpfen, die ihrer Erlösung im Wege stehen. Die transzendenten Buddhas sind aber keine Heilande, die Erlösung zu verschenken hätten.

Einige Bekenner sehen die Sambhogakāya-Buddhas als Wesenheiten an, die von ewig her existieren. Die Auffassung verträgt sich jedoch schlecht mit der Überzeugung, daß der Rang eines Buddha erarbeitet werden muß. Mehrere Texte schildern die Anstrengungen, die es den Erlösungssucher während vieler Wiedergeburtsexistenzen kostet, ein Transzendenter Buddha zu werden. Auf die Mühsal des Weges bezieht sich auch die Bezeichnung »Leib des Genusses« (sambhogakāya), denn die Sambhoga-Ebene erreicht zu haben erlaubt es den Transzendenten Buddhas, nun endlich die Erlösung zu genießen.

c) Der Nirmāṇakāya

Der Vollendungsgrad eines Wesens ist umso höher, je deutlicher und von Attributen weniger verhüllt das Absolute in ihm erkennbar ist. Nach dieser Prämisse ist es konsequent, daß den auf der Erde erscheinenden Buddhas der geringste Rang im Trikāya-System zukommt. Die Irdischen Buddhas sind grobstoffliche Manifestationen (nirmāṇa) des Absoluten: Personen von Fleisch und Blut und deshalb dem Altern, der Krankheit und dem Tod ebenso unterworfen wie gewöhnliche Weltmenschen. Geistig sind sie dem Weltling freilich weit überlegen, haben sie ihm doch die Erleuchtung (bodhi) und damit das Nirvāṇa, die Freiheit von der Wiedergeburt voraus, dazu einige übernatürliche Fähigkeiten wie das Himmlische Auge und das Himmlische Gehör, mit denen sie Verborgenes wahrnehmen können. Achtzehn Eigenschaften sind es, die einen Buddha vor normalen Menschen auszeichnen (AP 1, p.5).

Zweck des Erscheinens Irdischer Buddhas ist es, Göttern und Menschen die Lehre darzulegen. Sie sind Wegweiser zur Erlösung, können aber dem Heilssucher weder Leiden abnehmen noch ihm den Weg zur Erlösung verkürzen. Da sie im Tode als Individuen für immer erlöschen, ist das Beten zu ihnen nutzlos. Trotzdem ist es gut, ihrer zu gedenken, da dies eine Herzensläuterung bewirkt und heilsame innere Stimmung erzeugt.

Der Zukunftsbuddha Maitreya

Als fünfter und letzter Buddha unseres Weltzeitalters (kalpa) wird der Buddha Maitreya (P. Metteyya), »der Gütige«, in der Welt erscheinen. Der Pāli-Kanon, der ihn ankündigt, teilt mit, Maitreya komme auf die Erde, wenn die Menschen eine Lebenserwartung von achtzigtausend Jahren erreicht haben, wenn der Kontinent des Rosenapfelbaums (Indien) blüht und gedeiht, seine Dörfer und Städte dicht beeinanderliegen und das heutige Benares unter dem Namen Ketumatī die Residenzstadt des gerechten Königs Śaṅkha (P. Saṅkha) ist (D 26,23 f.). Zum Buddha geworden, werde Maitreya den Dharma und den reinen Wandel predigen und einen Orden von vielen tausend Mönchen leiten, genau wie Gautama in unserer Zeit gelehrt und einen Orden von vielen hundert Mönchen geleitet habe (D 26,25).

Die kanonischen Pāli-Texte erwähnen den Zukunftsbuddha nur noch *ein* weiteres Mal, nämlich am Ende des Buddhavaṃsa (27,19). Außerhalb des Pāli-Kanons ist ihm das Gedicht Anāgatavaṃsa, »Genealogie des Zukunfts(-Buddha)« (5. Jh. n. Chr.) gewidmet.

In den frühen Mahāyānasūtras wie in der Aṣṭasāhasrikā-Prajñāpāramitā und im Saddharmapuṇḍarīka ist Maitreya ein Bodhisattva unter vielen. Er tritt zwar wiederholt als Gesprächspartner auf und wird als der Zukunftsbuddha bezeichnet (AP 9, p.100; SP 1,94), der zur Zeit noch als Bodhisattva bei den Tuṣita-Göttern weilt (SP 26, p.266) und auf seinen Erdenauftritt wartet, eine Prophezeiung über sein Erdenleben als Buddha fehlt jedoch. Im Laṅkāvatārasūtra (3. Jh.) ist von ihm überhaupt nicht die Rede.

Gleichwohl wurde der Zukunftsbuddha – neben den Transzendenten Buddhas Akṣobhya und Amitābha – im 2. Jahrhundert n. Chr. zu einem Ziel der eschatologischen Hoffnungen. Eine Maitreya-Begeisterung brach aus, die nicht nur in der Häufigkeit des Maitreya-Themas in der Kunst ihren Ausdruck fand, sondern sich auch in zahlreichen Sūtras, Traktaten und Lobgedichten niederschlug. Man nannte den Korpus von Maitreya-Schriften die Maitreyasamiti, »Maitreya-Kollektion«. Im Sanskrit-Text ist nur das Lehrgedicht Āryamaitreyavyākarana, die »Weissagung über den edlen Maitreya«, überliefert. Zudem enthalten das Divyāvadāna (»Die Großtaten der Himmlischen«) (4. Jh.) und das literarisch gestaltete Gaṇḍavyūhasūtra (4. Jh.) längere Maitreya-Kapitel. Mehr hat sich in außerindischen Sprachen bewahrt; im tibetischen Kanon allein sind neun Maitreya-Werke tradiert.

Der Bodhisattva Maitreya wartet zur Zeit im Tuṣita-Himmel auf seinen Erdenauftritt als Buddha. Wie alle Bodhisattvas ist er in der Kunst durch lockere Sitzweise gekennzeichnet. Seine Hände deuten das Rad der Lehre an, das er dereinst als Buddha neu in Gang setzen wird. Die Gießvase auf dem Lotos zu seiner Linken enthält den für die Weltwesen bereitgehaltenen Nektar der Erlösung. Nektar (amṛta) ist ein Synonym des Nirvāṇa, das oft als Todlosigkeit (amṛta) definiert wird. (Nach einem im Kloster Nālandā geschriebenen, auf das Jahr 1097 datierbaren Palmblattmanuskript.)

Die Weissagungen über das zukünftige Erdenleben des Maitreya stimmen in allen wichtigen Punkten überein. Maitreya, zur Zeit noch als Bodhisattva im Tuṣita-Himmel wartend, wird dereinst als Sohn des am Hofe König Śaṅkhas tätigen Brahmanen Subrahman Maitreya und seiner Gemahlin Brahmavatī in Ketumatī geboren werden und den Vornamen Ajita erhalten. Durch eine Erfahrung der Vergänglichkeit veranlaßt, wird er das Weltleben aufgeben, mit großem Gefolge in die Heimatlosigkeit ziehen und sofort darauf unter einem Nāga-Baum (Mesua ferrea) die Erleuchtung zur Buddhaschaft erlangen. Nachdem sie eine Predigt des jungen Buddha gehört haben, werden auch König Śaṅkha und die Königin in die Hauslosigkeit hinauswandern, desgleichen Maitreyas Vater. Sechzigtausend Jahre wird der Buddha Maitreya die Lehre darlegen und unendliche Scharen von Göttern und Menschen zur Erlösung bringen; dann wird er ins endgültige Nirvāṇa eingehen.

Einige der in chinesischer Übersetzung vorliegenden Maitreya-Werke enthalten zusätzlich eine Zukunftslegende, die Maitreya als

Eine Zukunftsvision: Maitreya als Buddha. Der Schädelauswuchs (uṣṇīṣa)macht seine Zugehörigkeit zur Gruppe der *Buddhas* deutlich. Die Handhaltung deutet das Neu-Ingangsetzen des Rades der Lehre an, die europäische Sitzhaltung drückt aus, daß der Buddha-Thron, den Maitreya auf der Darstellung einnimmt, ihm gegenwärtig noch nicht zusteht.

Fortsetzer der Lehrtradition des Buddha Gautama beglaubigen soll. Ihr zufolge wird sich Maitreya kurz nach Erlangung der Buddhaschaft zum Kukkuṭapāda- (oder Gurupāda-)Berg (bei Bodh-Gayā) begeben, in dessen Innerem der Gautama-Jünger (Mahā-)Kāśyapa (P. Mahākassapa), in Meditation versunken, auf ihn wartet. Der Berg wird sich auftun, Kāśyapa wird erwachen und dem Buddha Maitreya das Gewand überreichen, das er selbst (wie der Pāli-Kanon in S 16,11,24–30 überliefert) einst vom Buddha Gautama erhalten hat. Sobald Maitreya sich das heilige Buddha-Gewand angelegt hat, wird Kāśyapa verschwinden (oder zu Asche zerfallen). – Das Gewand (saṅghātī) ist hier das Symbol der echten Buddha-Tradition.

Die doppelte Ansprechbarkeit des Maitreya – als Bodhisattva heute, als ein Buddha in Zukunft – eröffnete den Frommen neue Heilshoffnungen. Den Bodhisattvas wurde stets besonderes Mitleid nachgesagt, also würde auch der Bodhisattva Maitreya, »der Gütige«, nicht umhin können, den Gläubigen, der darum bittet, in seine Nähe aufzunehmen. In Maitreyas Umkreis im Tuṣita-Himmel Wiedergeburt zu finden, um unter seiner Obhut auf seinen Erdenauftritt als *Buddha* zu warten, wurde für viele Fromme ein religiöses Zwischenziel. Dereinst, wenn sich der Bodhisattva zu seinem Hinabstieg in die Welt der Menschen anschickt, wollen sie mit ihm dort geboren werden, um ihn als Buddha zu erleben und unter seiner Belehrung das Nirvāṇa zu verwirklichen.

Andere Bekennergruppen griffen zu anderen Methoden. Sie versuchten, ihr Leben bis zum Erscheinen des Buddha Maitreya zu verlängern, um den Zukunftsbuddha noch mit jetzigen Augen zu sehen. Einige bemühten sich um Lebensverlängerung durch Alchemie und Suche nach dem Lebenselixier, einzelne nahmen Zuflucht zur Magie. Ideen dieser Art, im Wesen unbuddhistisch, machen verständlich, warum die mahāyānischen Puristen der späteren Jahrhunderte der Maitreya-Bewegung skeptisch gegenüberstanden.

Buddhas der Zeit und Buddhas des Raums

In einem stark mythologischen Sutta des Pāli-Kanons äußert der Gott Sakka (Skt. Śakra = Indra) gegenüber den Göttern: »Es ist unmöglich, werte Herren, daß in einer und derselben Weltsphäre (lokadhātu) gleichzeitig zwei Heilige, Vollkommene Buddhas erstehen« (D 19,14). Der Hīnayāna-Buddhismus hat an dieser Überzeugung stets festgehalten, und das zwischen dem 3. und 5. Jahrhundert n. Chr. entstandene Pāli-Werk Milindapañha, »Fragen des (Königs) Menandros«, gibt für sie eine ausführliche Begründung (Mp 4,6,4 = Frage 52). Die Buddhas des Hīnayāna sind Buddhas der Zeit, die irgendwann, aber nie als Zeitgenossen zueinander, erschienen sind oder erscheinen werden.

Die Mahāyāna-Buddhisten empfanden die Unmöglichkeit der Kopräsenz von Buddhas als Mangel und schafften sie durch Kasuistik aus der Welt. Das dem Nāgārjuna zugeschriebene, nur chinesisch erhaltene Mahāprajñāpāramitāśāstra umreißt die Argumente:

Sarvāstivādin: Der Buddha hat erklärt: »In einer und derselben Weltsphäre können nicht gleichzeitig zwei Buddhas erstehen, (wie ja auch) zur gleichen Zeit nicht zwei Weltherrscher existieren können.« Daher ist es unrichtig zu behaupten, daß es gegenwärtig außer (dem Buddha Gautama) Śākyamuni noch andere Buddhas gebe.

Mahāyānin: Dies sind in der Tat Worte des Buddha, aber du verstehst nicht ihre Bedeutung. Der Buddha will damit ausdrükken, daß zwei Buddhas nicht gleichzeitig in einem und demselben Tri-chiliokosmos erscheinen können. Er schließt diese Möglichkeit aber nicht aus für das ganze, sich in zehn Richtungen[1] erstreckende Universum. Zwei Weltherrscher können nicht gleichzeitig in derselben, aus vier Kontinenten bestehenden Weltsphäre erscheinen, weil keiner den Rivalen dulden würde, und darum gibt es in einer aus den vier Kontinenten bestehenden Weltsphäre nur einen einzigen Weltherrscher. Ebenso ist das mit einem Buddha und einem großen Tri-chiliokosmos. Das Sūtra zieht hier die Analogie zwischen Buddhas und Weltherrschern. Wenn du glaubst, wie du es tust, daß es in anderen aus vier Kontinenten bestehenden Weltsphären noch andere Weltherrscher gibt, warum glaubst du dann nicht (auch) an die Existenz anderer Buddhas in anderen großen Tri-chiliokosmen? Zudem: *Ein* Buddha allein kann unmöglich alle Wesen retten. Es muß deshalb noch andere (Buddhas) geben. Tatsächlich sind die Wesen zahllos und ihre Leiden ohne Maß. Daher sind zahllose Buddhas nötig, um sie zur Erlösung zu führen.[2]

Damit war die Synchronität von Buddhas annehmbar gemacht und die Möglichkeit eröffnet, gleichzeitige Buddhas in den Gegenden des Raumes anzuerkennen.

Das früheste Buch, das eine Raum-Zuordnung von Buddhas vornimmt, ist das Saddharmapuṇḍarīkasūtra. Es entwirft (SP 7, p. 119) ein volles Maṇḍala von Buddhas der Haupt- und Zwischenhimmelsrichtungen und placiert den Buddha Akṣobhya in den Osten und den Buddha Amitāyus (= Amitābha) in den Westen. Die Ostplacierung des Akṣobhya und die Westplacierung des Amitābha/Amitāyus sind durch die ganze mahāyānische Entwicklung

1 Die vier Haupt- und die vier Zwischenhimmelsrichtungen, dazu oben (Zenith) und unten (Nadir).

2 Nach der englischen Übertragung von E. Conze: Buddhist Scriptures. Harmondsworth ⁴1968 (Penguin Classics), p. 212 f.

Der Transzendente Buddha Akṣobhya ist im Osten beheimatet, wo er über das Buddha-Feld Abhirati waltet. Entsprechend seinem Namen »Der Unerschütterliche« gibt ihm die mahāyānische Kunst Symbole der Festigkeit: er berührt mit der rechten Hand die feste Erde und hält in der linken den Vajra, der das unzerstörbare Prinzip, das Ewige symbolisiert.

konstant geblieben, alle anderen Transzendenten Buddhas haben im Laufe der Zeit ihren Standort auf der Windrose wechseln oder zugunsten anderer Buddhas aufgeben müssen.

Der Buddha Akṣobhya und sein Buddha-Land Abhirati

Von den Transzendenten Buddhas der Richtungen ist Akṣobhya der religionsgeschichtlich älteste. Amitābha ist im Aṣṭasāhasrikā-Prajñāpāramitāsūtra (1. Jh. v. Chr.) noch unbekannt, Akṣobhya hingegen wird als der Herr des Buddha-Feldes Abhirati bereits erwähnt (AP 19,p.181). Im Saddharmapuṇḍarīkasūtra (1. Jh. n. Chr.) kommen beide Buddhas vor, Amitābha häufiger als Akṣobhya.

Die ältesten speziell dem Akṣobhya gewidmeten Texte entstanden im 2. Jahrhundert n. Chr. Der Akṣobhyatathāgatavyūha, die »Beschreibung des Tathāgata Akṣobhya«, gehört zur Sūtren-Sammlung Ratnakūṭa, »Juwelenhaufen«, und liegt nur in chinesischer Übertragung vor. Im Vimalakīrtinirdeśasūtra, dem gleichfalls nur chinesisch tradierten »Sūtra von der Darlegung (des Laienbekenners) Vimalakīrti« (3. Jh.), gilt dem Akṣobhya-Land Abhirati das zwölfte Kapitel. Im originalen Sanskrit überliefert ist das Karuṇāpuṇḍarīkasūtra (»Lotos des Erbarmens«) (3./4. Jh.), das im vierten Kapitel die Vorgeschichte von Akṣobhyas Buddhaschaft schildert.

Den komplettesten Akṣobhya-Lebenslauf enthält der Akṣobhyatathāgatavyūha.

(1) Vor langer Zeit, so erzählt dieser Text[1] in Form eines Wechselgesprächs zwischen dem (transzendenten) Buddha Śākyamuni und dem Arhat (Heiligen) Śāriputra, lebte in dem im Osten gelegenen Buddha-Land Abhirati der (transzendente) Buddha Viśālanetra (»Der mit den weit geöffneten Augen«) und legte den dort versammelten Bodhisattvas die Lehre dar. Da meldete sich, von seinen Worten bewegt, ein Mönch aus seiner Zuhörerschaft und erklärte feierlich, er sei entschlossen, dem Bodhisattva-Weg zu folgen und sein Leben nach den ethischen Regeln (des Buddha) auszurichten. Beeindruckt von solcher Entschiedenheit, gaben ihm die anwesenden Mönche den Namen Akṣobhya, »Der Unerschütterliche«, ein Name, den der Buddha Viśālanetra sofort guthieß. Der Bodhisattva Akṣobhya aber bestärkte sein Gelöbnis (praṇidhāna) noch, indem er weiter verkündete, er wolle sich der Erreichung der höchsten Erleuchtung widmen, in allen ihm bevorstehenden Wiedergeburtsexistenzen Mönch werden und die Vorschriften der Ordenszucht strengstens einhalten. »So sei es, und ich bin dafür Zeuge«, erklärte darauf der Buddha Viśālanetra und sagte voraus, daß Akṣobhya dereinst ein Buddha werden würde.

Wie prophezeit, so geschah es; Akṣobhya verwirklichte seine Vorsätze und lebt jetzt als Nachfolger des Viśālanetra als der *Buddha* Akṣobhya im Buddha-Land Abhirati (»Freude«).

(2) Die Großartigkeit des Buddha-Landes Abhirati übertrifft alle Vorstellungen. Dort gibt es einen weit ausladenden Bodhi-Baum, Elendsbereiche wie die Höllen, die Tierwelt und das Reich der

1 Im folgenden paraphrasiert nach G. C. C. Chang (Ed.): A Treasury of Mahāyāna Sūtras, Selections from the Mahāratnakūṭa Sūtra, New York/London 1983, p. 315 ff.

Abgeschiedenen sind unbekannt, der Boden ist eben, goldfarben und weich für den Fuß, es gibt keine Krankheiten, keine Lüge und keine Häßlichkeit, weder üblen Geruch noch Schmutz, und (die Erlösungshindernisse) Gier, Haß und Verblendung sind in den Wesen nur ganz schwach vorhanden. Nahrung kommt von den Bäumen, und ein Wunschbaum (kalpataru) liefert die Kleidung. Die Frauen im Lande Abhirati sind sehr viel besser als die besten dieser Welt.

Als der Buddha Śākyamuni mit seiner Beschreibung so weit gekommen war, unterbrach ihn einer der lauschenden Mönche und äußerte, auch er wolle im Lande Abhirati wiedergeboren werden. Aber Śākyamuni tadelte ihn. Nicht mit Leidenschaft oder Begehren (wie der Sprecher sie soeben gezeigt hatte) sei es möglich, in einem Buddha-Land geboren zu werden. Nur jene, die es sich durch gutes und reines Tun (karman) verdient haben, könnten die Geburt in einem Buddha-Land erreichen.

Dann fuhr er mit der Beschreibung fort: Ein klarer Teich schmückt das Land Abhirati, ein wohlriechender Wind weht und schwangeren Frauen und dem Kind geht es ausgezeichnet. Handel und Händler gibt es ebensowenig wie Bauernhöfe und Landwirtschaft. Singen und Spielen geschehen im Buddha-Land ohne sexuelles Begehren; die Wesen beziehen ihre Freuden allein aus der Lehre des Buddha. Nie tritt Dunkelheit ein, weil das Licht des Buddha Akṣobhya alles erhellt.

(3) Im Lande Abhirati leben auch zahlreiche »Hörer« (Śrāvakas, d. h. Hīnayāna-Bekenner). Sie erreichen hier die Erlösung sehr viel schneller als in unserer Welt, denn das Zuhören bei vier Lehrunterweisungen des Akṣobhya genügt, um jemanden zum Heiligen und Erlösten werden zu lassen. Eine direkte Treppe, die das Land Abhirati mit dem Himmel der Dreiunddreißig (Götter) verbindet, ermöglicht es den Göttern, hinabzusteigen und den Belehrungen des Buddha Akṣobhya zu lauschen.

(4) Ebenso groß wie die Zahl der »Hörer« ist die Zahl der Bodhisattvas in Akṣobhyas Buddha-Land. Sie sind imstande, Gehörtes sofort zu verstehen, anzunehmen, zu memorieren und (zum Nutzen anderer) wiederzugeben. Wenn sie ein anderes

Akṣobhya als der Herr des östlichen Zwischenparadieses Abhirati. Die Almosenschale kennzeichnet Transzendente Buddhas als Herren eines Buddhafeldes. Der Vajra hat seinen Ort am Thronsockel gefunden, wo auch Akṣobhyas Symboltier abgebildet ist, der Elefant (hier aus Symmetriegründen doppelt). Wie Akṣobhya selbst versinnbildlicht er das Beharrende.

Buddha-Land besuchen wollen, genügt das Denken an jenes Land und schon sind sie dort – gekleidet nach Landessitte und begabt mit der örtlichen Sprache. Haben sie dem Dharma-Wort des dortigen Buddha zugehört, kehren sie zu Akṣobhya zurück.

Gute Männer und Frauen, die nach dem Tode in Akṣobhyas Buddha-Land wiedergeboren werden, hängen nicht mehr an der Unterscheidung zweier Fahrzeuge (Hīnayāna und Mahāyāna) und werden mit Sicherheit die Erleuchtung verwirklichen. Sie reden stets in Weisheits-Vollkommenheit.

Die Bodhisattvas in Akṣobhyas Buddha-Land sind nur zum kleineren Teil Laienbekenner, mehrheitlich sind sie Mönche. Auch wenn sie an den Predigtversammlungen des Akṣobhya nicht teilnehmen, hören sie dank der Wunderkraft des Buddha die Unterweisung. Sie befinden sich in einem Zustand, von dem es keinen Rückfall gibt, denn im Buddha-Land Abhirati sind sie für den bösen Dämon Pāpiya außer Reichweite. Sie sind für immer frei von Furcht.

Nach dieser Beschreibung des Akṣobhya-Landes, die der Buddha Śākyamuni an Śāriputra und die anderen Mönche seines Gefolges gerichtet hatte, dachte Śāriputra bei sich: »Ich möchte den Erhabenen Akṣobhya einmal sehen.« Śākyamuni las den Gedanken und ließ sofort den Akṣobhya und sein Land Abhirati vor dem geistigen Auge der Gruppe sichtbar werden. Nur Ānanda, der als einziger von den um Śākyamuni Versammelten noch kein Bodhisattva und Heiliger war, sah nichts.

Dem Śāriputra war bei der Visualisation aufgefallen, daß zwischen den Bodhisattvas des Buddha-Landes Abhirati und jenen dieser Welt kein Unterschied besteht, und er fragte Śākyamuni, warum das so sei. Dieser erwiderte: »Weil sie in der Basis der Wirklichkeit (dharmadhātu) identisch sind, darum gibt es zwischen ihnen keinen Unterschied.«

(5) Inzwischen war dem Śāriputra ein weiterer Gedanke gekommen, nämlich wie denn das Parinirvāṇa des Akṣobhya sich vollziehen werde. Er brauchte die Frage nicht auszusprechen, da gab Śākyamuni schon die Antwort.

Am Tage seines Parinirvāṇa wird der Buddha Akṣobhya zahllose aus Geist bestehende Körper in alle Teile der Erde entsenden, um dort die Lehre darzulegen. Viele Wesen werden dadurch zu Heiligen werden. Er wird ferner einem bestimmten Bodhisattva voraussagen, daß er dereinst der Buddha Goldlotos werde.

Wenn Akṣobhya dann verloschen ist, wird die Erde erbeben, alle Pflanzen im Lande Abhirati werden sich in seine Richtung neigen, alle Wesen werden ihn mit zusammengelegten Handflächen grüßen und die Götter werden sieben Tage trauern. Darauf wird sich der Leichnam von selbst entzünden. Später werden die Reliquien in Stūpas beigesetzt werden. Hunderttausend Weltzeitalter wird der von Akṣobhya gelehrte Dharma in Erinnerung bleiben, danach aber verblassen, denn es wird immer weniger Wesen geben, die von der Lehre hören und sie studieren wollen.

(6) Auf die Frage des Śāriputra, wie man in Akṣobhyas Buddha-Land Wiedergeburt findet, führt Śākyamuni aus: Es gilt, die

gleichen Tugenden zu entwickeln wie sie der *Bodhisattva* Akṣobhya einst eingesetzt hat, um ein Buddha zu werden, vor allem (die Sechs Vollkommenheiten [pāramitā]:) Gebefreudigkeit, Zucht, Geduld, Willensstärke, Meditation und Weisheit. Zudem sollte man das Gelübde ablegen, die Erleuchtung verwirklichen und von den Bodhisattvas lernen zu wollen, welche Meditation treiben, Mitleid üben, in der Leerheit verweilen und der Buddhas eingedenk sind. Wer die Wurzeln des Guten pflegt, der kann in jedem Buddha-Land in allen zehn Richtungen wiedererstehen, aber das Buddha-Land des Akṣobhya ist das beste. – Soweit der Akṣobhyatathāgatavyūha.

Die Hoffnung auf Geburt in einem Buddha-Land, wtl. Buddha-Feld (°kṣetra), spielt schon im Aṣṭasāhasrikā-Prajñāpāramitāsūtra eine Rolle und hat die Mahāyānins der ersten sechs Jahrhunderte n. Chr. stark bewegt. Man unterscheidet reine (pariśuddha) Buddha-Länder und solche mit den fünf Beschmutzungen (pañcakaṣāya) (KP 3, p. 51). Ein unreines Buddha-Land ist das des transzendenten Buddha Śākyamuni, nämlich unsere Welt, die geplagt ist von den Übeln Kurzlebigkeit, (ungünstiges) Zeitalter (wenn nämlich kein Buddha in der Welt ist), böse Menschen, falsche Ansichten und Verunreinigungen (kleśa, d. h. Gier, Haß und Verblendung). Ein Buddha, der ein solches Unreines Land für sein Erscheinen wählt, tut das aus Mitleid. Reine Länder sind die jenseitigen Buddha-Paradiese, von denen es unzählige und in allen zehn Himmelsrichtungen gibt. Jeder neue Buddha kann ein neues Buddha-Land begründen oder das eines verloschenen Buddha übernehmen.

Keineswegs bedeutet die Wiedergeburt in einem Buddha-Land die Erlösung. Die Buddha-Länder sind *Zwischen*paradiese, in denen der Bodhisattva ungestört Gier, Haß und Verblendung annullieren und die Qualitäten entwickeln kann, die für die Erlösung notwendig sind. Das Buddha-Land ist ein Ort, Nirvāṇa aber ist ein Nicht-Ort.

Der Buddha Amitābha und sein Buddha-Land Sukhāvatī

Die Kerntexte des Glaubens an den Buddha Amitābha sind der Längere Sukhāvatīvyūha (»Beschreibung des [Buddhafeldes] Sukhāvatī«) aus dem 1. Jahrhundert n. Chr. und die kürzere Fassung desselben Werks aus dem 2. Jahrhundert. Beide sind im Sanskrit-Original überliefert. Der dritte wichtige Text des Amitābha-Glaubens, das Amitāyurdhyānasūtra (»Sūtra der Meditation über Amitāyus«), ist nur noch in chinesischer Übersetzung greifbar. Aus chinesischen, japanischen und tibetischen Listen und aus Zitaten sind über hundert dem Amitābha gewidmete Sanskrit-Bücher dem Titel nach bekannt.

Obwohl der Längere Sukhāvatīvyūha ein Jahrhundert *vor* dem Akṣobhyatathāgatavyūha entstanden ist, wurde Amitābha erst *nach* Akṣobhya populär. Der Akṣobhya-Kult war bereits in großen Teilen Indiens verbreitet, als die Amitābha-Verehrung noch auf einen kleinen Kreis beschränkt war. Das änderte sich im 3. Jahrhundert: Amitābha = Amitāyus übernahm die Führungsrolle. Er erreichte aber in Indien nie die überragende Bedeutung, die er später im Buddhismus Ostasiens und Tibets gewann.

Der Kürzere Sukhāvatīvyūha erklärt, warum Amitābha auch den Namen Amitāyus führt.

> Was meinst du, Śāriputra, warum jener Vollendete (auch) mit dem Namen Amitāyus bezeichnet wird? –: Weil die Lebensdauer (āyus) jenes Vollendeten und jener Menschen (in seinem Buddha-Feld) unermeßlich (a[pari]mita) lang ist. ...
>
> Und was meinst du, Śāriputra, warum jener Vollendete mit dem Namen Amitābha bezeichnet wird? –: Weil der Glanz (ābhā) jenes Vollendeten alle Buddha-Felder durchdringt.
>
> (SvK 8–9, p. 255)

Analoges sagt die Längere Rezension des Sūtra (SvL 14 und 12). Sie zieht den Namen Amitābha, die Kürzere den Namen Amitāyus vor. In den Texten sind die Namen austauschbar, nicht indes in der Kunst, denn ikonographisch werden Amitābha und Amitāyus differenziert.

Wie alle Texte der mahāyānischen Weissagungs-(Vyākaraṇa-)-Literatur ist der Sukhāvatīvyūha als Dialog des transzendenten Buddha Śākyamuni mit einem Jünger oder Bodhisattva stilisiert. Im Kürzeren Sukhāvatīvyūha ist Śāriputra der Gesprächspartner, in der Längeren Rezension ist es zunächst Ānanda, später Ajita.

(1–3) Als der Buddha Śākyamuni sich einst mit großem Gefolge auf dem Geiergipfel aufhielt, erzählte er auf die Frage seines Jüngers Ānanda folgendes: In einem lange vergangenen Weltzeitalter gab es nacheinander 81 Buddhas, deren erster Dīpaṅkara und deren letzter Lokeśvararāja war. (4) Zu Lebzeiten des Lokeśvararāja lebte auch ein Mönch namens Dharmākara, der eines Tages vor dem Buddha Lokeśvararāja feierlich erklärte, er wolle (ebenfalls) ein Buddha werden, die Menschheit von Alter und Tod befreien und ein Buddha-Land errichten. (5) Um dies möglich zu machen, ersuche er den Erhabenen, sein Dharma-Lehrer zu werden. Lokeśvararāja stimmte zu und unterrichtete den Bhikṣu Dharmākara in großer Ausführlichkeit über die verschiedenen Buddha-Länder.

(6–7) Nachdem Dharmākara lange meditiert und die Vorzüge aller Buddha-Länder (im Geiste) auf eines konzentriert hatte, trat er erneut vor Lokeśvararāja hin, der ihn aufforderte, seine Vision von einem Buddha-Land vor der Versammlung zu schildern. (8) In 46 Gelübden (praṇidhāna) – formuliert als Selbstverwünschung für den Fall des Wortbruchs – erklärte Dharmākara darauf, zu welchen Leistungen für die Menschheit er sich verpflichte. (8,1) Das Buddha-Land, das er aufrichten wolle, werde frei sein von niederen Wiedergeburtsformen. (8,4) Man mache dort keinen Unterschied zwischen Göttern und Menschen; (8,6) alle erinnern sich ihrer Präexistenzen, (8,7) besitzen das Himmlische Auge und (8,8) das Himmlische Ohr und seien in der Lage, (8,9) die Gedanken anderer zu lesen. (8,10) Denken an Besitz werde es nicht geben in jenem Buddha-Land; (8,11) sämtliche Wesen dort seien völlig auf die Erreichung des Parinirvāṇa gerichtet. (8,13) Das Licht, das Dharmākara, zum Buddha geworden, ausstrahlt, werde unendlich sein und (8,14) das Leben der Wesen in jenem Buddha-Land wie auch (8,15) das Leben des dortigen Buddha von unermeßlicher Dauer.

Die wichtigsten Gelübde Dharmākaras, die den Aufstieg des Amitābha-Glaubens bedingten, sind die folgenden:

> Wenn, o Herr, nachdem ich (dereinst) die Erleuchtung erlangt habe, Wesen in anderen Weltsystemen durch das Hören meines Namens ein Denken an höchste, vollkommene Erleuchtung entwickeln und klaren Geistes meiner gedenken, – wenn ich nicht in deren Todesmoment, nachdem ich, umgeben von einer Schar von Mönchen, zu ihnen gegangen bin, als der Verehrte vor ihnen stehen sollte, um ihren Geist vor Angst zu bewahren, – nicht möge ich dann zur höchsten, vollkommenen Erleuchtung gelangen.
>
> Wenn, o Herr, nachdem ich (dereinst) die Erleuchtung erlangt habe, Wesen in unermeßlichen zahllosen Buddha-Ländern durch das Hören meines Namens ihr Denken auf Wiedergeburt dort in (meinem) Buddha-Land (Sukhāvatī) richten und die Wurzeln des (karmischen) Verdienstes entsprechend zur Reife bringen sollten, – wenn sie nicht dort in (meinem) Buddha-Land wiedererstehen sollten, und hätten sie auch nur zehnmal das Denken (auf mich und mein Zwischenparadies) gerichtet, ... – nicht möge ich dann zur höchsten, vollkommenen Erleuchtung gelangen.
>
> (SvL 8,18–19, p.227)

Im zwanzigsten Gelübde (8,20) verpflichtet sich Dharmākara, sein zukünftiges Buddha-Land so einzurichten, daß die dort geborenen Wesen nur noch durch *eine* Geburt gebunden sind, bevor sie die Erleuchtung (und damit das Nirvāṇa) erreichen, mit anderen Worten: daß sie vom Buddha-Lande aus, das ja nur ein Zwischenparadies ist, direkt ins Parinirvāṇa eingehen werden. Ausdrücklich hiervon ausgespart werden jene Bodhisattvas, die sich der Erlösung aller Wesen verschrieben haben (und bis zu diesem Ziel freiwillig in der Welt verbleiben wollen).

Für die Bodhisattvas seines (zukünftigen) Buddha-Landes, so gelobt Dharmākara weiter, (8,22) werde sich, wenn sie wollen, ihr religiöses Verdienst in handfeste Schätze und Dinge umsetzen. (8,34) Frauen, die seiner (als Buddha) gedenken, werden in seinem Buddha-Lande als Männer wiedergeboren, und (8,35) Bodhisatt-

Amitābha, der Transzendente Buddha des Westens wird in Meditationsgeste abgebildet und ist, wenn ihm keine Attribute beigegeben sind, von Gautama Śākyamuni kaum zu unterscheiden. Auf farbigen Bildern ist Amitābha rot, Śākyamuni golden.

vas (die für das Heil anderer Wesen wirken) von der Welt geehrt werden.

(9–10) Durch diese Verpflichtungserklärung und weitere Bemühungen begann der Bhikṣu Dharmākara, alle Tugenden eines Bodhisattva zu entwickeln. So erwarb er einen gewaltigen Schatz an religiösem Verdienst.

(11) Als Śākyamuni so weit berichtet hatte, fragte Ānanda, ob jener Bodhisattva Dharmākara ins Nirvāṇa eingetreten sei oder ob er noch irgendwo als Lehrer lebe.

Śākyamuni erwiderte: Nein, Ānanda, er ist nicht gestorben, sondern lebt, den Dharma predigend, in der westlichen Weltsphäre in einem weit weit entfernten Buddha-Land. Das Land heißt Sukhāvatī, »Das Glückliche«, und Dharmākara, zum Buddha geworden, trägt den Namen Amitābha. Zahllose »Hörer« und Bodhisattvas umgeben ihn. (12) Sein Strahlen reicht in die Buddha-Länder aller zehn Richtungen hinein – eben deshalb heißt er Amitābha, »Der von unermeßlichem Glanz«. (14) Er heißt aber auch Amitāyus, weil seine Lebensdauer (āyus) unmeßbar (amita) ist. Zehn Weltzeitalter ist es her, seitdem er die Erleuchtung erlangt hat.

Als Herr über das Zwischenparadies Sukhāvatī präsentiert sich Amitābha mit der Almosenschale. Der Thronsockel zeigt sein Attribut, den Lotos, der Reinheit symbolisiert, weil er aus dem schmutzigsten Tümpel makellos hervorwächst. Amitābhas Begleitier ist der Pfau, der Langlebigkeit versinnbildlicht.

Das Land Sukhāvatī weist nicht nur alle die Eigenschaften auf, die der Mönch Dharmākara einst in seinem Gelübde formuliert hatte, es übersteigt (15–26) mit seinen Blumen und Früchten, Juwelenbäumen, Farben und Düften alle weltlichen Vorstellungen. Weil es frei ist von Bösem, von Unglück, Elend, Zerstörung und Schmerz, darum heißt es Sukhāvatī, »Das Glückliche«. Die Wesen, die dort leben, brauchen keine stoffliche Nahrung, sondern werden satt, wenn sie an Nahrung denken. Durch bloßes Wünschen erfüllt sich auch ihr Bedarf an Kleidung, Schmuck und Behausung.

Vor den Augen der Weltwesen, so heißt es weiter, (27) die an den Buddha Amitābha denken, (durch gutes Tun) die Wurzel des Guten pflanzen, ihr Denken auf Erleuchtung richten und um Wiedergeburt im Lande Sukhāvatī bitten, vor ihnen wird Amitābha in ihrer Todesstunde erscheinen und sie werden im Sukhāvatī-Lande geboren werden. Aber (28) auch jenen, die seiner weniger gedenken, wird Amitābha in ihrer Sterbestunde sichtbar werden, allerdings nicht in Person, sondern als Geistschöpfung (buddhinirmita).

Amitāyus ist mit Amitābha identisch, wird aber ikonographisch unterschieden. Er führt als Attribut ein Gefäß mit Nektar (amṛta) – ein Hinweis auf das Nirvāṇa = Todlosigkeit (amṛta), das dem im Lande Sukhāvatī Geborenen bevorsteht, und zugleich auf den Namen Amitāyus, »Von unermeßlicher Lebensdauer«.

Wenn sie ihn sich dann, wenn sie sterben, ins Gedächtnis rufen, werden auch sie im Lande Sukhāvatī wiedererstehen. (29) Ebenfalls dorthin gelangen die Wesen, die nur einmal einen Gedanken auf Amitābha wenden und ihn im Traum sehen.

(33) Für die Bodhisattvas im Lande Sukhāvatī ist dies die letzte Existenz, denn sie werden (dort) ausnahmslos die Erleuchtung verwirklichen (und somit Nirvāṇa erreichen) – mit Ausnahme jener Bodhisattvas freilich, die (mit Absicht Wiedergeburten auf sich nehmen, um) *allen* Wesen zur Erlösung zu verhelfen. (34) Von den »Hörern« im Buddha-Land Sukhāvatī geht ein Leuchten aus, aber heller ist das Licht, das die Bodhisattvas ausstrahlen. Deren Licht wiederum wird übertroffen von dem Strahlen, das die beiden *Transzendenten* Bodhisattvas aussenden.

»Wer sind, wie heißen die beiden?« warf Ānanda ein, und Śākyamuni erläuterte: Es sind die (Transzendenten) Bodhisattvas Avalokiteśvara und Mahasthāmaprāpta, die hier (in *meinem* Buddhaland, der Welt) vergangen und dort (im Lande Sukhāvatī) wiedererstanden sind.

Der Buddha Amitābha (Amitāyus) in seinem Buddha-Land Sukhāvatī. Zwei Transzendente Bodhisattvas, Padmapāṇi (= Avalokiteśvara) und Vajrapāṇi, laden den Betrachter durch Gesten ein, im Buddha-Land Sukhāvatī Wiedergeburt zu suchen, vier Mönche bilden ein Empfangskomitee. Schätze vor dem Buddha-Thron sollen denjenigen anlocken, dem der Sinn nach Wohlstand steht, aber darüber leuchtet in einer Flammenaureole der wahre Schatz: Das Rad der Lehre.

Der Folgetext des Sūtra geht nicht weiter auf die beiden transzendenten Bodhisattvas ein, sondern befaßt sich mit den normalen Bodhisattvas. (35–38) Sie besitzen die 32 Kennzeichen eines großen Mannes, sind weise, können den Buddha (Amitābha) und andere (Sambhogakāya-)Buddhas sehen, verehren sie und häufen dadurch karmisches Verdienst an. Ständig rezitieren sie die Lehre. Gedanken an Eigentum sind ihnen fremd, sie leben gleichmütig und ohne Wünsche, lieben den Frieden und haben das Himmlische Auge und das Himmlische Gehör.

(39) Um Ānanda Gelegenheit zu geben, durch innere Hinwendung zu Amitābha religiöses Verdienst zu erwerben, forderte Śākyamuni den Jünger auf, den Blick nach Westen zu richten und den dort residierenden Buddha durch das Darbringen von Blumen zu ehren. Da sagte Ānanda: »Herr, ich möchte den Amitābha sehen!« Kaum hatte er ausgesprochen, ließ Amitābha aus der Fläche seiner Hand einen Lichtstrahl hervorgehen, der selbst die entferntesten Buddha-Länder aufgleißen ließ. Die Wesen in allen Buddha-Reichen wurden sichtbar, und jedermann erkannte nicht nur den Buddha Amitābha in seinem Lande Sukhāvatī, sondern auch den Buddha Śākyamuni in seiner Sahā-Welt, nämlich unserer Welt.

Von dieser Stelle des Sukhāvatīvyūha (Lg. Fassung) ab richtet Śākyamuni seine Worte an den Bodhisattva Ajita[1]. Ānanda war für das Weitere als Gesprächspartner untauglich, denn da er den Pāli-Quellen (Cv 11, 1, 2+6) zufolge erst nach dem Tode des (Gautama) Śākyamuni zum Heiligen wurde, war er noch unvollendet und außerstande, die Selbstoffenbarung des Amitābha wahrzunehmen.

(40) Śākyamuni fragt also den Ajita: Hast du die Herrlichkeit des Buddha-Landes (Sukhāvatī), die wunderbaren Parks, Gärten, Flüsse und Teiche mit ihren Lotosblumen und die von dem Vollendeten geistig geschaffenen (abhinirmita) Vögel[2] gesehen? Ajita bestätigt all dies und auch, daß er im Lande Sukhāvatī in den Lotosknospen Menschen erblickt habe. (41) Śākyamuni gibt dazu die Erklärung: Die Wesen anderer Buddha-Länder, die daran zweifeln, ob sie jemals im Lande Sukhāvatī erstehen werden, aber immerhin durch ihr Denken an Sukhāvatī die Wurzeln des Guten gepflanzt haben, die werden dort in geschlossenen Lotosknospen

1 Maitreya? Nach der Weissagung über Maitreya soll Ajita der Name erst des zukünftigen Maitreya-*Buddha* sein. Der *Bodhisattva* Maitreya heißt Nātha.

2 Da es nach mehrfacher Aussage (z. B. SvL 8, 1 f.) im Sukhāvatī-Lande keine Wiedergeburt als Tier gibt, müssen die dort lebenden Vögel durch Zauber entstanden sein. Vgl. SvK 6.

geboren. Diejenigen hingegen, die Vertrauen hegen und frei von solchen Zweifeln sind, die werden in der Sukhāvatī auf wunderbare Weise (ohne Mutter) geboren, indem sie kreuzbeinig auf offenen Lotosblüten sitzen.

(42) Von Ajita gefragt, wieviele Wesen aus anderen Buddha-Ländern Geburt im Lande Sukhāvatī finden werden, gibt Śākyamuni die Zahlen an – mit einer langen Liste der Buddha-Länder, aus denen jene Bodhisattvas kommen. (43–44) Da das Hören des Namens Amitābha so segensreiche Wirkung hat, soll diese Lehrdarlegung (d. i. der Sukhāvatīvyūha) breit propagiert werden. Manche Bodhisattvas fallen von ihrer Heilsstufe wieder ab, weil sie diese Lehrdarlegung nicht zu Gehör bekommen. Darum sollte jeder sich bemühen, sie zu hören, zu lernen und zu verkünden. Es ist schwer und selten, in ein Zeitalter geboren zu werden, in dem ein Buddha lehrt, deshalb gilt es, die Chance (seiner Gegenwart) zu nutzen.

(45) Während (der Buddha Śākyamuni) so sprach, ging zahlreichen Wesen das Auge für die Lehre auf und sie verwirklichten verschiedene Stadien des Erlösungsweges. (46) Das Universum bebte und (47) Ajita, Ānanda und die ganze Versammlung freuten sich über die Worte des Erhabenen. – Dies der geraffte Inhalt des Sukhāvatīvyūha (Längere Fassung).

Es war sicher nicht der literarische Wert dieses Sūtra, der den West-Buddha Amitābha in der Volksbeliebtheit über den Ost-Buddha Akṣobhya hinauswachsen ließ, es waren inhaltliche Gründe, die den Ausschlag gaben. Der Akṣobhyatathāgatavyūha macht die Geburt im Lande Abhirati von einem Gelübde und der Verwirklichung der ersten sechs Tugendvollkommenheiten (pāramitā) des Bodhisattva-Weges abhängig (Atv 6), zur Erreichung des Landes Sukhāvatī genügt es, den Namen des Buddha Amitābha zu hören, das Denken auf die Wiedergeburt dort zu richten und Gutes zu tun (SvL 8,19). Im Abhirati-Lande wird man auf normale Weise von einer Mutter geboren (Atv 2), in der Sukhāvatī ersteht man auf einem entfalteten Lotos sitzend (SvL 41). Mag die Wiedergeburt in der Abhirati den Frauen leichtes Kindbett bescheren (Atv 2), besser ist es, im Zwischenparadies Sukhāvatī als Mann wiedergeboren zu werden (SvL 8,34).

Auch als Person hat Amitābha dem Akṣobhya einiges voraus. Bei Akṣobhya ist bereits das Parinirvāṇa geweissagt (Atv 5), Amitābha hingegen ist Amitāyus (SvL 14), »von unermeßlicher Lebensdauer«, sein Buddha-Land wird zwar nicht ewig, aber von langem Bestand sein. Zudem hat sein Versprechen, auf den Denkwunsch eines Sterbenden vor diesem zu erscheinen (SvL 8,18+27), bei Akṣobhya keine Parallele.

Uneinheitliche Aussagen des Sukhāvatīvyūha haben die Frage aufkommen lassen, ob die Geburt im Zwischenparadies Sukhāvatī allein von der Gnade (prasāda) Amitābhas abhängt oder ob dazu Selbstbemühung des Heilssuchers gefordert wird. Beides ist im Sukhāvatīvyūha belegt. Vier Stellen der beiden Rezensionen des Textes (nämlich SvL 28+29; SvK 10 + 17) legen nahe, daß zur Geburt im Lande Sukhāvatī konzentriertes Denken an Amitābha beziehungsweise ein Denkvorsatz (cittapraṇidhāna) ausreiche; andere Stellen indes besagen, daß die Aufnahme in der Sukhāvatī die Entwicklung der »Wurzel des Guten« (kuśalamūla), d.h. karmisch heilsames Tun voraussetzt (SvL 8,19; 27; 41). Die Idee ist wohl, daß der durch gutes Karman Qualifizierte ein höheres Anrecht auf das Zwischenparadies besitzt als derjenige, der allein mit der Eintrittskarte frommen Gedenkens daherkommt, und daß der letztere Amitābhas Gnade dringender braucht.

Exkurs: Der Amida-Buddhismus Ostasiens

Schon im 2. Jahrhundert n. Chr., hundert Jahre nach seinem Entstehen, wurde der Sukhāvatīvyūha (Lg. Fassg.) aus dem Sanskrit ins Chinesische übersetzt. Mit der Zeit entstanden elf weitere Übertragungen.

Die Chinesen schlossen Amitābha unter dem chinesierten Namen Amituo fo rasch ins Herz, denn der mitleidige Buddha, der den Sterbenden in seinem westlichen, im Sonnenuntergang liegenden Reich empfängt, bereicherte den chinesischen Totenkult. Zugleich entsprach er unter dem Zweitnamen Amitāyus, »Der von unermeßlicher Lebensdauer«, dem daoistischen Ziel der Langlebigkeit. Im 3. Jahrhundert war Amitābha im Land der Mitte zu Hause.

Der Buddha Amitābha (chin. Amituo fo, jap. Amida) in chinesischer Darstellung, flankiert von den Bodhisattvas Avalokiteśvara und Mahāsthāmaprāpta. Alle freien Hände sind in Wunschgewährungsgeste nach unten geöffnet. Amitābha hält in der linken einen Lotos: Den Lotoskelch, in dem der im Lande Sukhāvatī Erstehende ohne Mutter geboren wird.

Die erste chinesische Schule, die sich ausschließlich dem Amituo fo widmete, war die des adligen Mönchs Huiyuan (334–417) aus Shanxi. Ihre Mitglieder, die sich zwecks Visualisierung des westlichen Buddha der Tiefenmeditation bedienten, gelobten vor dem Bildnis des Amituo fo, in seinem Lande Sukhāvatī wiedergeboren werden zu wollen. Sie vertrauten sich voll dem umfassenden Mitleid des Amituo an, dem sie mit Devotion (Skt. bhakti), Ritual, Räucherwerk und Blumenopfern dienten. Die Schule fand Beachtung bis zum chinesischen Kaiserhof, schrumpfte aber nach dem Tode ihres Gründers auf eine kleine mönchische Gruppe zusammen, die sich kaum um Mission, um so eifriger indes um die Geburt im Lande Sukhāvatī kümmerte.

Der Amituo-Kult hatte jedoch auch außerhalb der Schule des Huiyuan Fuß gefaßt und entwickelte sich weiter. Sein Aufblühen in China läßt sich durch Auszählung der Kultfiguren in den Höhlen von Longmen nachweisen. Die Longmen-Skulpturen datieren zwischen 495 und 750 und wurden in neuer Zeit von dem japanischen Forscher Tsukamoto Zenryū analysiert.[1] Sie stellen dar:

Buddhas	
Amitābha	222mal
Śākyamuni	94 mal
Bhaiṣajyaguru (Medizin-Buddha)	15 mal
Bodhisattvas	
Avalokiteśvara	197 mal
Maitreya	62 mal
Kṣitigarbha	33 mal
Mahāsthāmaprāpta	5 mal

Die meisten Abbildungen des Śākyamuni und des Maitreya entstanden zwischen 510 und 530, die meisten des Amitābha/Amituo und des Avalokiteśvara zwischen 650 und 690, was einen Popularitätsschub der Amitābha-Religion im 7. Jahrhundert ausweist. Ihre Hochblüte erreichte sie in China zwischen dem 10. und 13. Jahrhundert.

In Japan wurde Amitābha unter dem japanisierten Namen Amida durch den Mönch Ennin (793–864) heimisch, der die

1 Nach K. Ch'en: Buddhism in China – A historical Survey. Princeton, N.J. 1972, p.172

Amida (Amitābha) in einer japanischen Wiedergabe des 13. Jahrhunderts. Die rechte Hand signalisiert Willkommen, die linke die Gewährung von Wünschen. Die eingewinkelten Zeigefinger deuten den kleinen Rest von Selbstbemühung an, den der Gläubige noch aufbringen muß, um das Nirvāṇa zu verwirklichen.

Amitābha-Religion in China studiert hatte. Es gab in der Folgezeit Amida-Verehrung in mehreren japanischen Buddhismus-Schulen, aber die klassische Ausgestaltung gaben ihr die Meister Hōnen Shōnin (1133–1212) und Shinran Shōnin (1173–1262). Hōnen Shōnin gründete 1175, an Huiyuan anknüpfend, das Jōdo-shū, die »Schule des Reinen Landes«, die überzeugt ist, die Wiedergeburt im Lande Sukhāvatī durch ständige Rezitation der Formel »Namu

Amida Butsu«, »Verehrung dem Buddha Amida«, verwirklichen zu können, selbst dann, wenn der Sprecher überwiegend unheilsames Karman angesammelt hat. Der Satz muß allerdings »mit den drei Herzen« gesprochen werden: mit aufrichtigem, mit gläubigem und mit sehnsüchtigem Herzen. Die Formel ist ein Anruf an Amidas Gnade und eine psychoaktive Medizin, die den Glauben stärkt. Die Anhänger des Jōdo-shū sind zumeist Mönche.

Shinran Shōnin, Hōnens Schüler, ist der Stifter des Jōdo-shin-shū, der »Wahren Schule des Reinen Landes«. Sie ist eine Laiengemeinschaft, die die Geburt im Lande Sukhāvatī gleichfalls durch Aussprechen, aber nicht ständige Wiederholung des Satzes »Namu Amida Butsu« sucht. Mit der Geburt im Sukhāvatī-Lande, meint Shinran, ist auch das Problem der Eigenbemühung erledigt, die der dort Geborene zur Vernichtung seiner restlichen Verunreinigungen noch erbringen muß. Da Amida ja den Wesen seines Landes (in SvL 8,20; 33; SvK 10) zugesichert hat, daß jeder von der Sukhāvatī aus die Erlösung erreicht, wird er nicht umhin können, ihnen zum Nirvāṇa zu verhelfen.

Gegenüber dem Zen und einigen anderen buddhistischen Schulen der »Erlösung durch eigene Kraft« (jap. jiriki) sind die Schulen des Reinen Landes solche der »Erlösung durch die Kraft eines andern« (jap. tariki). Das Jōdo-shin-shū ist heute die bekennerreichste Buddhismus-Schule Japans.

Die Entstehung des klassischen Richtungs-Systems

Den ersten Versuch, die Transzendenten Buddhas auf die Himmelsrichtungen zu verteilen, hatte im 1. Jahrhundert n. Chr. das Saddharmapuṇḍarīkasūtra (7, p. 119) unternommen, jedoch hatten die Bekenner nur die Ost-Zuordnung des Akṣobhya und die West-Zuordnung des Amitābha anerkannt. Einen weiteren Entwurf eines Raumsystems der Transzendenten Buddhas legte im 4. Jahrhundert das Suvarṇabhāsottamasūtra, das »Goldglanzsūtra« vor. Nach dem Brauch indischer Geographen, die auf Landkarten stets die Ostrichtung nach oben legen, beginnt die Aufzählung im Osten und läuft dann in der Richtung des Sonnenlaufs weiter. Das Suvarṇabhāsottamasūtra (2, p. 7 f.) führt auf:

- Osten: Akṣobhya,
- Süden: Ratnaketu,
- Westen: Amitāyus (= Amitābha),
- Norden: Dundubhīśvara.

Das System war ein Schritt voran, doch war ihm noch keine generelle Anerkennung beschieden.

Den entscheidenden Entwicklungsschub gab dem System der Richtungs-Buddhas der Tantrayāna-Buddhismus, der im 4./5. Jahrhundert dem Hīnayāna und dem Mahāyāna als dritte Lehrrichtung zur Seite trat. Sein ältester Text, das Guhyasamājatantra (»Tantra der Geheimversammlung«) (5. Jh.), nennt *fünf* Transzendente Buddhas mit Namen (GsT 1, p.1) und verteilt sie über die Kompaßrose wie folgt:

- Zentrum: Akṣobhya,
- Osten: Vairocana,
- Süden: Ratnaketu (= Ratnasambhava),
- Westen: Amitābha,
- Norden: Amoghavajra (= Amoghasiddhi).

Mit Vairocana, Ratnasambhava und Amoghasiddhi hatten die Tantrayānins Buddhas eingeführt, die neben Akṣobhya und Amitābha auch in mahāyānischen Kreisen anerkannt wurden. Auf den Protest der Mahāyānins aber stieß die Raumanordnung, die die Tantrayānins den fünf Buddhas gegeben hatten. Sie hatten nämlich den Vairocana, »der der Sonne gleicht«, dem Osten zugeteilt, um ihn mit der aufgehenden Sonne verbinden zu können, und Akṣobhya in die Mitte gerückt, damit er dort als »der Unerschütterliche« die Dauerhaftigkeit des Raumsystems personifiziere. Die Mahāyānins, für die Akṣobhya ins Ostparadies Abhirati gehört, über das es ja spezielle Bücher gab, setzten Akṣobhya wieder in den Osten ein und wiesen dem Vairocana die Mitte zu. Ratnaketu wurde in Ratnasambhava und Amoghavajra in Amoghasiddhi umgetauft. So ergab sich das Richtungs-System, das die weiteste Verbreitung gefunden hat und als das klassische gilt:

Vairocana, »der Sonnengleiche«, ist der Transzendente Buddha der Mitte. Sein Attribut ist die Sonnenscheibe, die aber oft als Rad der Lehre fehlinterpretiert wird.

- Zentrum: Vairocana,
- Osten: Akṣobhya,
- Süden: Ratnasambhava,
- Westen: Amitābha,
- Norden: Amoghasiddhi.

Da von Akṣobhya und Amitābha schon ausführlich die Rede war, brauchen nur noch Vairocana, Ratnasambhava und Amoghasiddhi vorgestellt zu werden.

Vairocana, »Der Sonnengleiche«, entstand wahrscheinlich durch Verselbständigung einer Eigenschaft des Buddha Śākyamuni, der in den Texten mitunter als »strahlend wie die Sonne« (vairocana) bezeichnet wird. Die Mahāyānins postierten ihn in die Mitte, weil er als der Durchstrahler des Alls sämtliche vier Himmelsrichtungen durchdringt. Da sein Standort auf dem Schnittpunkt der beiden Richtungsachsen ihm ermöglicht, in alle Weltgegenden zu schauen, gilt er als allwissend (sarvavid). Er wird darum gelegentlich mit vier Gesichtern dargestellt. Ein Buddha-Paradies verwaltet Vairocana nicht, da dies seine Universalität aufheben würde.

Der Süd-Buddha Ratnasambhava. Sein Attribut ist das Juwel Cintāmani, das alle Wünsche erfüllt. Ratnasambhava kann deshalb äußerste Freigebigkeit üben und zeigt dies durch die Geste der rechten Hand, die, mit der Handfläche nach außen und unten geöffnet, die Gewährung von Wünschen ausdrückt.

In der südlichen Weltsphäre residiert der mit Ratnaketu identische Buddha Ratnasambhava, »Der mit dem Juwel Geborene«. Der Edelstein ist das magische Juwel Cintāmaṇi, das seinem Besitzer jeden materiellen Wunsch erfüllt und Ratnasambhava befähigt, den sich an ihn wendenden Gläubigen aus materieller Not zu befreien. Die dominante Eigenschaft Ratnasambhavas ist die Freigebigkeit. Das südliche Buddha-Paradies, das er verwaltet, ist von geringer Bedeutung und ohne eigenen Namen.

Die nördliche Weltgegend ist die Heimat des Buddha Amoghasiddhi, »Der von unfehlbarer Zaubermacht« oder »Der unfehlbar Erfolg bringt«. Er ist wenig individualisiert, spielt aber als »Erfolgsbringer« eine Rolle im Volksglauben.

Obwohl das von Amoghasiddhi verwaltete nördliche Zwischenparadies wenig bedeutend ist, wird Amoghasiddhi oft dargestellt, zumal in Nepāl. Er wird mit dem Element Wasser in Verbindung gebracht und ist auf Darstellungen manchmal von einer Schlange begleitet, die ihre Halshaut über ihm spreizt. Die Schlange (nāga) ist in Asien das Symbol der Bodenfeuchtigkeit. In Trockenzeiten

Amoghasiddhi, der Buddha der Nordsphäre. Seine Geste drückt aus, daß der Betrachter sich ohne Scheu nähern möge, symbolisiert also Ermutigung. Amoghasiddhis Attribut ist der Doppelvajra, der aber auf Abbildungen häufig fehlt.

pflegen die nepālischen Bauern Amoghasiddhi zu bitten, die verschwundenen Nāgas = Wässer herbeizurufen, in Zeiten übermäßigen Regens bitten sie ihn, sein Begleitwesen, den die Schlangen hassenden Vogelmenschen Garuḍa auszusenden. Sobald Garuḍa am Himmel erscheint, verschwinden die Schlangen = Wässer furchtsam in der Erde.

Das Maṇḍala der fünf Buddhas

Selbstverständlich wurde die Raumzuordnung der fünf Buddhas, Jinas (»Sieger«) oder Tathāgatas (»Vollendete«) auch zeichnerisch umgesetzt. Indem man ihre Abbilder auf die Richtungen der Windrose verteilte, entstand das Vajradhātumaṇḍala. Ein Maṇḍala, wörtlich »Kreis«, ist eine kompaßartige spirituelle Landkarte der Buddhas und Buddhaländer. Indische Maṇḍalas sind nach Osten, auf die aufgehende Sonne hin, ausgerichtet: Osten ist im Sanskrit »vorn« (pūrva), Süden »rechts« (dakṣina), Westen »hinten« (paścima) und Norden »links« (uttara).

Akṣobhya
Osten

Amoghasiddhi
Norden

Vairocana
Mitte

Ratnasambhava
Süden

Amitābha
Westen

Tibet, das seine Kultur und Bildung überwiegend aus Indien erhielt, hat den indischen Brauch der Ostfrontierung nicht übernommen und richtet Karten und Maṇḍalas nach Westen, auf die untergehende Sonne und Amitābhas Buddhaland Sukhāvatī aus. In Tibet haben die fünf Jinas folgende Anordnung:

		Amitābha (Westen)		
		|		
Ratnasambhava (Süden)	———	Vairocana (Mitte)	———	Amoghasiddhi (Norden)
		|		
		Akṣobhya (Osten)		

Das Schema gibt die Verteilung der fünf Buddhas über die Weltgegenden an, beschreibt aber nicht den Weg zur Erlösung. Diese Aufgabe erfüllt das zeichnerisch ausgeführte Vajradhātumaṇḍala (s. S. 158). Es besteht aus drei konzentrischen Ringen, die einen kreisrunden Hof umschließen. In dessen Mitte steht ein quadratischer Palast (prāsāda), der durch vier Tore zugängig und diagonal in die vier durch Farben differenzierten Buddha-Länder unterteilt ist. Innerhalb des Palastes schließt eine Cella (garbha) die erlösungswichtigen Gestalten des Mahāyāna-Pantheons ein.

Auf dem Erlösungsweg bewegt sich der Heilssucher im Maṇḍala von außen nach innen. Veranlaßt durch die Belehrung eines irdischen Buddha (10, 11, 12, 13), dessen Stimme auch außerhalb des magischen Zirkels zu hören ist, durchschreitet der Erlösungssucher den Flammenring (15) der Läuterung und den Vajra-Ring (16) der Einweisung in die Lehren des Mahāyāna. Seine geistige Neugeburt und die Reinheit des Innenhofes des Maṇḍala werden durch den Lotosring (17) symbolisiert.

Im Innenhof vor dem Palast stehend, muß sich der Heilssucher entscheiden, welchem Transzendenten Buddha er sein Glaubensvertrauen (śraddhā) zuwenden will. Die meisten werden den mitleidvollen Buddha Amitābha wählen, dessen Buddhafeld im Westen liegt. Gleich der im Westen untergehenden Sonne sind Amitābha und sein Buddha-Land Sukhāvatī auf allen Maṇḍalas rot.

Der Heilssucher tritt vor das westliche Bogentor und muß dem Torwächter (14) dort Rechenschaft über seine Lebensführung abgeben. Steht seinem Eintritt ins Reich Sukhāvatī ein Rest unheilsamen Karmans entgegen, nimmt ihm der zuständige Transzendente Bodhisattva Avalokiteśvara (3) die Last ab. Darauf heißt Amitābha (2) den Erlösungssucher in seinem Buddha-Land willkommen. Ungestört von weltlichen Einflüssen kann er hier die Reste von Gier, Haß und Verblendung in sich anullieren und zum Nirvāṇa heranreifen. Vollkommen geworden, wird er im Absoluten (1) verlöschen.

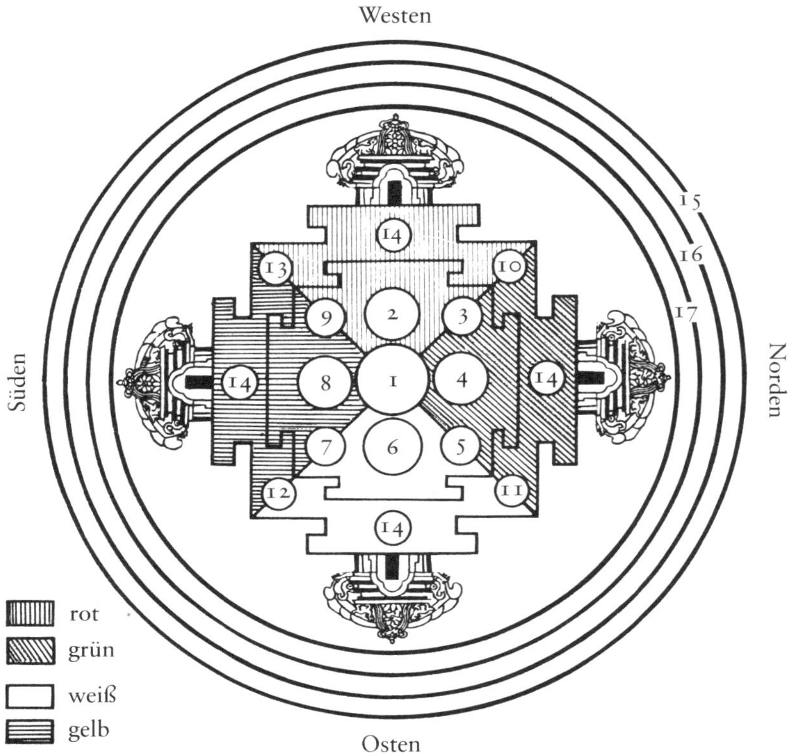

Das Vajradhātu-Maṇḍala (vereinfacht, tibetische Westorientierung)

Mitte (Kein Buddha-Land)
1 das Absolute oder der Transz. Buddha Vairocana (später als Ādibuddha verstanden)

Westen (Buddha-Land Sukhāvatī)
2 Transz. Buddha Amitābha
3 Transz. Bodhisattva Avalokiteśvara
10 Ird. Buddha Gautama (Śākyamuni)
14 Torhüter

Norden (Buddha-Land ohne Namen)
4 Transz. Buddha Amoghasiddhi
5 Transz. Bodhisattva Viśvapāṇi
11 Zukunftsbuddha Maitreya
14 Torhüter

Osten (Buddha-Land Abhirati)
6 Transz. Buddha Akṣobhya
7 Transz. Bodhisattva Vajrapāṇi
12 Vorzeitbuddha Kanakamuni
14 Torhüter

Süden (Buddha-Land ohne Namen)
8 Transz. Buddha Ratnasambhava
9 Transz. Bodhisattva Ratnapāṇi
13 Vorzeitbuddha Kāśyapa
14 Torhüter

– – – –
15 Flammenring
16 Vajraring
17 Lotosring

Der Ādibuddha

Indem das Maṇḍala das System der Raum-Buddhas in den Blick rückte, warf es erneut die Frage nach der Einheit in der Vielfalt auf. Gemäß den monistischen Grundlehren des Mahāyāna ist *jeder* der fünf transzendenten Buddhas mit dem Absoluten identisch, aber gibt es unter ihnen vielleicht einen, der das Absolute in *Rein*form repräsentiert? – Schon mit der Frage war unterstellt, daß das Absolute (tattva) Gestalt annehmen kann, und es wurde auch ein Name für das personifizierte Absolute gefunden: Ādibuddha, der »Urbuddha«.

Einige Buddhismus-Historiker glauben, daß die Entstehung der Ādibuddha-Idee ins 10. Jahrhundert datiere und übersehen dabei, daß die Bezeichnung Ādibuddha schon im Kāraṇḍavyūhasūtra, allerdings nicht in dessen ältesten Rezensionen, vorkommt und etwa dem 6./7. Jahrhundert angehört. Und es bedurfte auch nicht des monotheistischen Islam, die Ādibuddha-Vorstellung anzuregen: Im Monismus des Mahāyana war die Idee, daß das Absolute als Urbuddha Gestalt annimmt, bereits keimhaft angelegt.

Es lag nahe, den im Zentrum des Maṇḍala angesiedelten Buddha, den Vairocana, als Urbuddha anzuerkennen. Er wurde damit über die vier Sambhogakāya-Buddhas hinausgehoben und auf die Dharmakāya-Ebene transponiert.

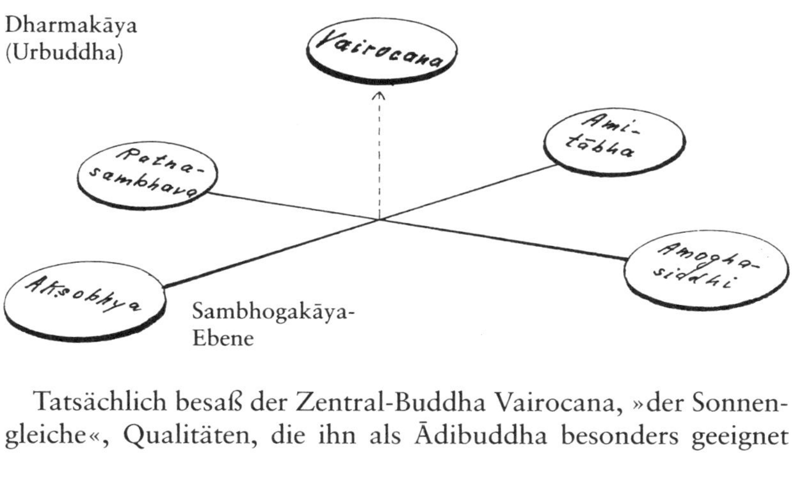

Tatsächlich besaß der Zentral-Buddha Vairocana, »der Sonnengleiche«, Qualitäten, die ihn als Ādibuddha besonders geeignet

Der Ādibuddha Vairocana (nach einer koreanischen Skulptur des 7./8. Jh.). Der Zeigefinger der rechten Hand wird von den Fingern der linken Hand umschlossen wie das *eine* Absolute von der Vielheit der saṃsārischen Welt. Der Zeigefinger versinnbildlicht auch Vairocana selbst: Der Eine, aus dem sich alles entfaltet hat.

machten. Er verwaltete kein Buddha-Land und war dadurch ohne Grenzen. Er strahlte vom Schnittpunkt der beiden Richtungsachsen wie die Sonne Wärme und Leben in alle Gegenden des Raums. Er vereinte als der Allwissende die Weisheit *aller* Buddhas in sich und wurde manchmal als deren Vater bezeichnet. Mit der Erhebung Vairocanas zum Urbuddha wurde der mahāyānische Monismus als Kultbild darstellbar.

Auf indischem Boden war der Urbuddha Vairocana allerdings nie wirklich volkstümlich; seine Verehrung war nicht von langer Dauer. Vielleicht war seine Assoziation mit der Sonne im heißen Indien seiner Wertschätzung abträglich. Sanskrit-Texte, die Vairocana feiern, sind nur in chinesischer Übersetzung erhalten.

Mit großem Eifer hingegen nahmen vom 7. Jahrhundert an die Buddhisten Ostasiens die Verehrung des Vairocana oder Mahāvairocana (chin. Piluzhena, jap. Birushana oder Dai-nichi) auf. Als der kosmische Buddha, der alles Leben bedingt, wurde er der Mittelpunkt eines breiten Kultes. Vairocana ist *der* Buddha der chinesischen Huayan- (jap. Kegon-) Schule und der mystisch-esoterisch ausgerichteten japanischen Shingon-Sekte.

Der Ādibuddha Vajrasattva. Der Vajra symbolisiert das Dauerhafte und das Buddha-Prinzip, die Glocke die Vergänglichkeit der saṃsārischen Welt.

Der Buddha Vairocana war aus dem Tantrayāna-Buddhismus ins Mahāyāna übernommen worden. Als er, zum Ādibuddha erhoben, in Indien keine rechte Karriere machte, lieferte das Tantrayāna auch den Ersatz: Den Urbuddha Vajrasattva, »Der den Vajra zum Wesen hat«.

Vajrasattva, der stets mit dem fünfzackigen Kopfschmuck abgebildet wird, hält in der rechten, vor der Brust erhobenen Hand das Donnerkeilzepter (vajra), das Symbol des Ewigen und des männlichen Prinzips, in der linken, auf der Hüfte liegenden Hand die nach innen gewendete Glocke (ghaṇṭā), die die Vergänglichkeit und das weibliche Prinzip bedeutet. Die Attribute versinnbildlichen die Polarität Nirvāṇa ↔ Saṃsāra. Daß der Urbuddha Vajrasattva *beide* Attribute in den Händen hält, drückt aus, daß er über Gegensätze erhaben ist.

Am freudigsten begrüßt wurde der Ādibuddha Vajrasattva in Nordindien und im heutigen Nepāl. Sein Beiname Svayambhū(nātha), »Der (Herr, der) aus sich selbst entstand«, traf bei der Bevölkerung des Kathmandu-Tals auf ältere Vorstellungen ähnlicher Art und verband sich mit ihnen. Vajrasattvas Heiligtum ist der Svayambhūnāth-Stūpa im Westen von Kathmandu, wo der

Ein Blockdruck des Ādibuddha Vajrasattva = Svayambhūnātha, der am Svayambhūnāth-Stūpa bei Kathmandu verkauft wird. Umschlossen von den drei Maṇḍala-Ringen aus Flammen, Vajras und Lotosblättern sitzt Vajrasattva im Zentrum seines Palastes auf einem Lotos. Die Blüte wächst aus dem Urmeer hervor, denn der Urbuddha existierte schon, als sonst noch nichts war. Vier kleine Lotosblumen in den Ecken des Palastes deuten an, daß alle Richtungen noch unberührt und rein sind.

Die vier »Tore« sind hier nicht Zugänge, sondern der in die vier Richtungen aufgeklappte kubische Aufsatz (harmikā) des Svayambhūnāth-Stūpa, in dessen Innerem sitzend der Ādibuddha gedacht wird. Die Augenpaare des Maṇḍala wie auch der realen nepālischen Stūpas deuten an, daß der Urbuddha überall präsent ist.

Urbuddha als die personale Selbstoffenbarung des Absoluten von Nepālis und Exil-Tibetern verehrt wird.

Der Ādibuddha Vajradhara, eine Erscheinungsform des Vajrasattva. Die Kreuzungsgeste bringt die Attribute Vajra und Glocke jeweils auf die Gegenseite und deutet damit die Aufhebung der Gegensätze an.

Derselbe Ādibuddha Vajrasattva tritt unter einem zweiten Namen auf und nimmt dann andere ikonographische Gestalt an. Als Vajradhara, »Vajrahalter« (GsT 17,6) führt er wie Vajrasattva den Vajra (r.) und die Glocke (l.), kreuzt aber die Unterarme vor der Brust. Der (männliche) Vajra gelangt dadurch auf die linke (weibliche) Seite; die (weibliche) Glocke auf die rechte (männliche) Seite. Die Kreuzungsgeste deutet die Vereinigung und Aufhebung der Gegensätze im Absoluten, im Ādibuddha an: das Glückserlebnis (mahāsukha) der Unio Mystica, die zu erfahren die Erlösung bedeutet.

Auf tantrische Kreise beschränkt blieb die Anerkennung der – nach Vairocana, Vajrasattva und Vajradhara – vierten Darstellungsform des personalen Absoluten, des Ādibuddha Samantabhadra. Er muß unterschieden werden vom *Bodhisattva* Samantabhadra.

Der Ādibuddha Samantabhadra, »Der ringsum Segensreiche«, wird nackt dargestellt, denn er ist nur er selbst und von allen Beilegungen frei. Er hat die Hände zur Meditationsgeste zusammengelegt.

Der (tantrische) Ādibubbha Samantabhadra. Er ist von allen Beilegungen frei und wird deshalb nackt dargestellt. Die Vereinigung mit der Partnerin symbolisiert die Aufhebung der Polaritäten im Absoluten.

Zum Ausdruck der Aufhebung der Gegensätze im Absoluten bedient sich das Tantrayāna häufig sexueller Symbolik, denn nichts kann die Verschmelzung der Gegenpole und die Stillung der Spannungen so bildhaft ausdrücken wie ein Paar in sexueller Vereinigung. Samantabhadra wird daher in Kohabitation abgebildet, seine Partnerin, gleichfalls nackt, sitzt rittlings auf seinem Schoß und umklammert ihn mit Armen und Beinen. Ihr Name ist Samantabhadrī. Die Namensidentität bringt zum Ausdruck, daß Samantabhadrī mit dem Urbuddha eines Wesens ist: Sie leitet sich aus ihm ab, ist mit ihm wesenhaft identisch und verschmilzt wieder mit ihm – wie alle Wesen nach Ablegung ihrer karmisch bedingten Individualität vom Absoluten ununterscheidbar werden.

Raumbuddhas und Dreileiber-System

Das Dreileiber-(trikāya-)System hatte das Absolute als den Dharmakāya, den Transzendenten Buddha als Sambhogakāya und den Irdischen Buddha als Nirmāṇakāya in eine Stufenordnung gebracht. Das System der fünf Buddhas der Richtungen bereicherte die Sambhogakāya-Ebene mit Namen und verbreiterte sie. Um *jedem* der fünf Transzendenten (= Richtungs-)Buddhas einen Nirmāṇakāya- (= Irdischen) Buddha zuzuordnen, bediente man sich der fünf Buddhas des gegenwärtigen Weltzeitalters. So entstand das Schema:

Dharmakāya			Absolutes		
Sambhogakāya (Transz. Buddhas)	Vairocana	Akṣobhya	Ratnasambhava	Amitābha	Amoghasiddhi
Nirmāṇakāya (Ird. Buddhas)	Krakucchanda	Kanakamuni	Kāśyapa	Gautama	Maitreya

Eine Umgestaltung des Systems ergab sich, als der Transzendente Buddha Vairocana zum Urbuddha erklärt und aus der Sambhogakāya-Ebene auf die Dharmakāya-Ebene gehoben wurde. Mit der Zeit traten andere Ādibuddhas an seine Stelle:

Dharmakāya (personifiziertes Absolutes)	Ādibuddha Vairocana oder Ādibuddha Vajrasattva oder Ādibuddha Vajradhara oder Ādibuddha Samantabhadra			
Sambhogakāya	Akṣobhya	Ratnasambhava	Amitābha	Amoghasiddhi
Nirmāṇakāya	Kanakamuni	Kāśyapa	Gautama	Maitreya

III. Der Bodhisattva-Weg

Bodhisattvas und Bodhisattva-Literatur

Das Ideal der frühen Buddhisten bestand darin, ein Heiliger (P. arahant, Skt. arhat) zu werden, der durch Vernichtung von Gier, Haß und Unwissenheit die Wiedergeburt beendet und so die Erlösung erreicht hat. Dem Bekenner war ans Herz gelegt, zwar Mitleid zu hegen, sich aber vom Ziel, dem eigenen Nirvāṇa, durch nichts ablenken zu lassen:

> Das eigne Heil gib niemals auf,
> sei's auch für großes Heil von andern.
> Hat man das eigne Heil erkannt,
> so sei man stets darauf gerichtet. (Dhp 166)

Mit dem Mahāyāna kam daneben ein neues Leitbild auf. Ist es nicht selbstsüchtig, so hieß es nun, mit dem Arhat-Ideal vor Augen nur die *eigene* Erlösung verwirklichen zu wollen? Ist es nicht hartherzig, die anderen Wesen im Leiden des Saṃsāra zurückzulassen? Ein *Bodhisattva* zu werden, das war die neue, die mahāyānische Devise.

Als (P.) Bodhisatta hatte sich der historische Buddha bezeichnet, wenn er von der Zeit vor seiner Erleuchtung sprach. Wahrscheinlich ist das Wort als (Skt.) Bodhi-sakta zu verstehen: »Auf Erleuchtung gerichtet« oder »Erleuchtungssucher«. Als es später aus der Pāli-Form Bodhisatta ins Sanskrit übernommen wurde, legten die Übersetzer jedoch eine andere Etymologie zugrunde, nämlich Bodhi-sattva, »Erleuchtungswesen«. Diese Sanskritisierung hat sich eingebürgert.

Der mahāyānische Bodhisattva-Begriff hat zwei Bedeutungsstufen. In der Grundbedeutung bezeichnet er jemanden, der die Erleuchtung (bodhi) zwar anvisiert, sich aber vorrangig der Leidensbefreiung der anderen widmet. Das Kennzeichen des Bodhisattva ist seine Selbstlosigkeit.

In der höheren Bedeutungsstufe bezeichnet das Wort die *Transzendenten* Bodhisattvas, die die Vollendung verwirklicht haben und jederzeit imstande wären, zu verlöschen – wenn sie wollten. Sie verzichten aber darauf, um den im Saṃsāra leidenden Wesen nahe bleiben und helfen zu können. Über die naturgesetzlichen und saṃsārischen Zwänge der Welt hinausgewachsen und insoweit transzendent, gleichwohl aus Mitleid freiwillig im Welt-Diesseits verblieben, sind sie die wahren Nothelfer der Welt. Anders als die Buddhas, die den Erlösungsweg aufzeigen, aber keinen praktischen Heilsbeistand leisten können, sind die Transzendenten Bodhisattvas in der Lage, dem Heilssucher unheilsames Karman aus dem Wege zu räumen.

Der Bodhisattva-Weg zur Erlösung umfaßt eine aktive und eine passive Methode. Ein Bodhisattva *werden* zu wollen, ist der aktive, sich von einem Transzendenten Bodhisattva *helfen zu lassen*, der passive Weg. Der aktive Weg ist der historisch ältere. In allen Lehrrichtungen des Buddhismus sind die schwierigeren Heilswege die ursprünglicheren.

Die Literatur des Mahāyāna zum Bodhisattva-Thema ist ungemein breit. Was der Bodhisattva zu tun, der Stufenweg, den er einzuschlagen hat, später auch die Wundertaten der transzendenten Bodhisattvas, – alles das füllt Hunderte von Seiten. Die folgenden Sanskritsūtras behandeln hauptsächlich den *aktiven* Bodhisattva-Weg:

- Mahāvastu, »Die große Begebenheit« (2. Jh. v. – 3. Jh. n. Chr.),
- Prajñāpāramitāsūtra, »Das Sūtra von der Weisheitsvollkommenheit« (ab 1. Jh. v. Chr.),
- Kāśyapaparivarta, »Ausführungen für Kāśyapa« (2. Jh. n. Chr.),
- Daśabhūmikasūtra (oder: Daśabhūmīsvara), »Das Sūtra von den Zehn Stufen (des Bodhisattva-Weges)« (3. Jh. n. Chr.), und
- Lalitavistara, »Der ausführliche Bericht vom (Erden-)Spiel (des Buddha)« (ca. 4. Jh. n. Chr.).

Des weiteren haben die Mönchsphilosophen des buddhistischen Mittelalters das Bodhisattva-Thema literarisch behandelt.

Als wichtigste Śāstras sind anzusehen:

- Bodhisattvabhūmiśāstra, »Das Śāstra von den Bodhisattva-Stufen« des Asaṅga (4. Jh.),
- Madhyamakāvatāraśāstra, »Das Śāstra vom Eintreten in die Mittlere Lehre« des Candrakīrti (7. Jh.), und
- Bodhicaryāvatāraśāstra, »Das Śāstra vom Eintreten in den Wandel zur Erleuchtung« des Śāntideva (8. Jh.).
- Der Śikṣāsamuccaya, »Das Lehrkompendium«, ebenfalls ein Werk des Śāntideva, enthält zahlreiche Zitate aus verlorenen Sanskritsūtras, großenteils zum Bodhisattva-Thema.

Schon mit dem Dämmern des Bodhisattva-Ideals im 1. Jahrhundert v. Chr. ist die Vorstellung vom Wesen des Bodhisattva ausgereift. Der Vergleich älterer und jüngerer Texte läßt kaum Entwicklungen des Bodhisattva-Begriffs erkennen. Ausgestaltet wurde hingegen der Stufenweg der Bodhisattvaschaft.

Vom Wesen des Bodhisattva

Menschen, die sich für die Erlösung anderer einsetzen, sind in der Welt dünn gesät. Auch unter den Bekennern der Buddha-Lehre sind die (hīnayānischen) »Hörer« (śrāvaka) und Privat-Buddhas (pratyekabuddha), die sich nur um die eigene Leidensbefreiung bemühen, zahlreicher als die Bodhisattvas, denen das Heil der anderen am Herzen liegt:

> In dieser Welt der Wesen gibt es nur wenige Bodhisattvas, Mahāsattvas, die sich zur Allwissenheit, das heißt Vollkommenheit in Weisheit ausbilden. Mehr Wesen gibt es in dieser Welt der Wesen, die sich als »Hörer« und Privat-Buddhas schulen.
>
> (AP 25, p. 212)

Die Zahlenüberlegenheit der »Hörer« ist verständlich, denn der Altruismus der Bodhisattvas ist schwer zu verwirklichen:

> (Subhūti spricht:) Die Bodhisattvas, ... die sich auf (Verwirklichung) der höchsten, der vollkommenen Erleuchtung eingestellt haben, tun etwas ungemein Schwieriges. Wenn

sie (die Sechs Tugendvollkommenheiten) Gebefreudigkeit, Selbstzucht, Geduld, Willensstärke, Meditation und Weisheit erlangt haben, wünschen sie (dennoch) nicht, in ein privates Parinirvāṇa einzugehen. Im Gegenteil: Nachdem sie die äußerst leidvolle Sphäre der Lebewesen betrachtet haben und der Wunsch (in ihnen) entstanden ist, die vollkommene Erleuchtung zu verwirklichen, fürchten sie sich trotzdem nicht vor dem (freiwilligen) Verbleiben im Saṃsāra.

(Der Erhabene antwortet:) So ist es, Subhūti, so ist es. Die Bodhisattvas, ... die sich zum Heil der Welt, zum Segen der Welt, aus Mitleid mit der Welt einsetzen, tun etwas ungemein Schwieriges. (Wenn sie sagen:) »Wir werden zum Harnisch für die Welt, zur Zuflucht, Ruhestätte, Entspannung, Insel, zum Licht und zum Führer der Welt; wenn wir die höchste, die vollkommene Erleuchtung verwirklicht haben, werden wir (durch Errichtung eines Buddha-Landes) zur (wiedergeburtlichen) Daseinsform (gati) für die Welt«, (dann) entfalten sie mit diesen Worten, nachdem sie sich auf die höchste, die vollkommene Erleuchtung eingestellt haben, (äußerste) Anstrengung. (AP 15, p. 146)

Der Wille der Bodhisattvas, andere Wesen zur Erlösung zu führen, schließt ohne Ausnahme jeden ein und bedient sich zur Erreichung seines Ziels raffinierter Kunstgriffe.

Der Bodhisattva, Mahāsattva, läßt kein Wesen im Stich. Er hat sich die speziellen Gelübde (praṇidhāna) gesetzt: »Alle diese Wesen sollen durch mich befreit werden!« Wenn der Bodhisattva ... seinen Geist so fixiert ... und seine Erlösungsmeditation auf Leerheit (śūnyatā), das Zeichenlose (animitta) und das Wunschlose (apraṇihita) richtet, dann ist er ... als jemand zu erkennen, der über Geschicklichkeit in der Methode (upāyakauśalya) verfügt. (AP 20, p. 185)

Nach buddhistischer Vorstellung liegt in einem ehrlich gefaßten und öffentlich geäußerten Gelübde (praṇidhāna) bereits ein Teil seiner Verwirklichung. Die *Wahrheit* (satya) der Absicht ist nämlich, wie jede Wahrheit, wirkkräftig (satyakriyā). Ein feierliches

Gelübde ist darum über die Selbstverpflichtung hinaus auch Magie. Der Bodhisattva gelobt:

> Ich nehme die Last des Leidens auf mich, ich bin (dazu) entschlossen, ich ertrage es. ... Und Warum? –: Unbedingt muß ich allen Wesen die (Leidens-)Last abnehmen. (Ich tue das) nicht, weil ich Lustgewinn daran hätte. (Vielmehr) habe ich das Gelübde zur Rettung aller Wesen getan. Alle Wesen muß ich zur Erlösung führen, die ganze Welt muß ich retten. Aus dem Dschungel der Geburt, des Alterns, der Krankheit, des Todes, des Sterbens und der Wiedergeburt, ... des ganzen Saṃsāra ... – aus all diesen Dschungeln muß ich alle Wesen zur Erlösung führen. ... Ich bin nicht nur um Erlösung meiner selbst bemüht. ... Ich nehme die Leidenslast *aller* Wesen auf mich. ... Es ist ja fürwahr besser, daß ich (allein) mit Leiden (beschwert) sei, als daß alle diese Wesen in Elendswelten gerieten.
>
> (Āryavajradhvajasūtra, zit. im Śs 16, p. 148)

Und was bewegt den Bodhisattva dazu? – Sein Mitleid (karuṇā, anukampā):

> Im edlen Dharmasaṅgītisūtra wird ausführlich dargelegt, wie sich für Bodhisattvas keine andere Handlung geziemt als die für andere. Welche Tat auch immer die Bodhisattvas (tun, sei es) mit dem Körper, der Stimme oder dem Denken, das alles verrichten sie im Hinblick auf die Wesen, beherrscht vom großen Mitleid.
>
> (Dharmasaṅgītisūtra, zit. im Śs 5, p. 66)

> Nicht in allzu vielen Tugenden (dharma) braucht der Bodhisattva ... sich zu schulen. *Eine* Tugend ... (aber) hat der Bodhisattva sich zu eigen zu machen, sie hat er hochzuhalten, (denn) dadurch werden alle Buddha-Tugenden offenbar. Welche ist diese eine Tugend? –: Es ist das große Mitleid.
>
> (Dharmasaṅgītisūtra, zit. im Śs 16, p. 151)

Aber nicht nur sein gutes Herz, sondern auch philosophische Gründe veranlassen den Bodhisattva, sich für andere einzusetzen: Seine monistische Überzeugung, mit allen Wesen im Kern identisch zu sein:

> Bei allen Wesen hat der Bodhisattva die Einsicht zu hegen: (Dies ist) meine Mutter, mein Vater, mein Sohn, meine Tochter, ja sogar: (dies bin) ich selbst. (AP 1, p. 14)

Jüngere Texte sprechen den Gedanken der Wesensidentität noch klarer aus. Der Kernbegriff ist »Gleichheit des andern mit einem selber« (parātmasamatā).

> (Der Bodhisattva) soll (in sich) das auf Erleuchtung gerichtete Denken (bodhicitta) festigen durch Beschäftigung (mit dem Gedanken), daß der andere mit ihm selbst gleich ist. »Der andere/man selbst« und »jenseitiges/diesseitiges Ufer« sind Relativbegriffe und daher trügerisch.
>
> Jenes Ufer ist nicht an sich (svataḥ) das andere Ufer; von welchem Bezugspunkt aus gibt es Diesseitigkeit? Selbstheit (ātmatva) ist nicht an sich zustande gekommen; von welchem Bezugspunkt aus sollte es einen andern geben?
>
> (Tathāgataguhyasūtra, zit. im Śs 19, p. 191)

> Zuerst soll (der Bodhisattva) mit Fleiß (den Gedanken an) die Gleichheit des anderen mit ihm selbst entwickeln: »Alle empfinden in gleicher Weise Glück und Leiden, darum habe ich sie zu schützen wie mich selbst.« (Bca 8,90)

> »Wenn mir und dem andern das Leiden etwas zu Fürchtendes, nichts Angenehmes ist, was unterscheidet dann mich (von ihm), daß ich mich schütze, nicht aber ihn?« (Bca 8,96)

Der Bodhisattva wird angehalten, einen »Austausch des anderen mit sich selbst« (parātmaparivartana) vorzunehmen (Bca 7,16).

Die Bemühung für die Wesen bringt den Bodhisattva zuweilen in Situationen, daß er zwischen der Ablehnung der Hilfe und dem Verstoß gegen sittliche Normen zu wählen hat. In seinem »Lehrkompendium« (Śikṣāsamuccaya) führt Śāntideva den Fall des Brahmacārin Jyoti an, der lange Zeit sexuell enthaltsam gelebt und sich eine hohe Stufe der Vollendung erarbeitet hat. Jyoti wird von einer Frau angefleht, die sterben würde, wäre er ihr nicht zu Willen.

»Möge ich auch, wenn ich dieses (Keuschheits-)Gelübde gebrochen habe, (für lange Zeit) der Hölle anheimfallen, so will ich doch das Höllenleiden erdulden, damit diese Frau glücklich werde und nicht sterbe.« Damit wandte sich Jyoti der Frau zu, ergriff ihre rechte Hand und sagte: »Auf, Schwester, ich bin bereit zu tun, wie du begehrst.« ...

Wenn ein Bodhisattva in einem Wesen die Wurzel des Verdienstes entstehen läßt in der Weise, daß er (selbst dabei) ins Unglück geriete ... (und) hunderttausend Weltzeitalter in der Hölle gekocht würde, dann hat der Bodhisattva das Unglück, das höllische Leiden geduldig auf sich zu nehmen und nicht das Heil des einen Wesens preiszugeben.

(Upāyakauśalyasūtra, zit. im Śs 8, p. 93)

Die Erzählung verdeutlicht, daß der Mahāyāna-Buddhismus das Ideal des Mitleids weit über formale Sittlichkeit stellt.

Manche Texte gehen in der Beschreibung der Opferwilligkeit der Bodhisattvas ins Extrem. Dem Saddharmapuṇḍarīkasūtra zufolge opfern einige Bodhisattvas zugunsten anderer ihre Frauen und Kinder, ihr eigenes Fleisch, Hände und Füße, den Kopf, die Augen oder ihren ganzen Körper (SP 1,18 f.). Demgegenüber betont Śāntideva, daß der Bodhisattva Leib und Leben nicht leichtfertig hingeben soll; er müsse dem Nutzen aller dienen und habe sich deshalb zu schützen.

Das Hingeben der eigenen Person, der Freuden und des in den drei Zeiten (Vergangenheit, Gegenwart und Zukunft karmisch) erworbenen Glücks zugunsten *aller* Wesen, das ist (sowohl) Schutz als auch Fortschritt (auf dem Wege) der Läuterung. (4)

Darum sollte man zum Nutzen für die Wesen die eigene Person usw. schützen. .. (6) (Śs-Kārikās 4 und 6)

Ist auch das Mitleid die dominante Eigenschaft des Bodhisattva, so kommt doch daneben die Ausbildung des Verstandes (buddhi) nicht zu kurz. Im Gegenteil: Je mehr sich »das auf Erleuchtung gerichtete Wesen« (Bodhi-sattva) auf die Bodhi zubewegt, um so präziser wird seine Dharma-Kenntnis und um so klarer sein Intellekt. Er lernt, sich in der Doppelwertigkeit zurechtzufinden und zu verstehen, daß er nach der konventionellen Wahrheit (samvṛtti satya) handeln, aber in der Wahrheit im höchsten Sinne (paramārtha satya) denken muß. Er begreift:

> So viele Wesen ... es gibt, alle diese sollten von mir ... zum vollständigen Erlöschen geführt werden. Obwohl aber zahllose Wesen so zum vollständigen Erlöschen geführt worden sind, ist überhaupt kein *Wesen* zum Erlöschen geführt worden. Und warum? –: Wenn in einem Bodhisattva der Begriff »Wesen« existiert, kann er nicht »Bodhisattva« genannt werden. Und warum? –: Nicht wird derjenige Bodhisattva genannt, in dem der Begriff »Selbst« (ātman) existiert oder der Begriff »Wesen« (sattva) oder der Begriff »Seele« (jīva) oder der Begriff »Person« (pudgala). (VP 3, p. 28 f.)

Der Bodhisattva kämpft für die Erlösung der Wesen, obwohl er sie als unwesenhaft und leer (śūnya) erkannt hat und sie der Erlösung nicht bedürfen, weil sie im Kern Leerheit (śūnyatā) und von Beginn an erlöst sind.

Ein Śāstra des Bodhisattva-Weges: Die Memorierverse aus Śāntidevas »Lehrkompendium«

Dem Mönch Śāntideva verdanken wir zwei Sanskrit-Werke, die beide die Laufbahn des Bodhisattva behandeln. Der Bodhicaryāvatāra, »Eintritt in den Wandel zur Erleuchtung«, ist ein als persönliches Bekenntnis gehaltenes Erbauungsbuch. Der Śikṣāsamuccaya, das »Kompendium zur Unterweisung«, verfolgt didaktische Zwecke und ist als Lehr- und Leitbuch für mahāyānische Mönche gedacht. Lediglich die das Gerüst des Buches bildenden 27 Merkverse (kārikā) sowie der knappe Kommentar dazu stammen von Śāntideva selbst; die Hauptmasse des Werkes bilden Zitate aus über hundert Sanskrit-Sūtras. Da die meisten davon im Original verloren sind, ist Śāntidevas Anthologie auch als Quellenwerk von hohem Wert.

Die Angaben zur Person Śāntidevas (695–ca. 730) sind spärlich. Der Überlieferung zufolge wurde er als Sohn eines Rāja auf der

Śāntideva

Halbinsel Saurāṣṭra (Gujarāt) geboren. Zeitweilig soll er eine Ministerstelle innegehabt haben. Ordiniert worden sei er in Nālandā. Philosophisch gehört er zu Nāgārjunas Madhyamaka-Schule.

Die 27 Memorierverse aus Śāntidevas »Lehrkompendium« (Śikṣāsamuccaya)[1]

1. Da das Leiden für mich ebenso erschreckend und unlieb ist wie für die anderen, was unterscheidet mich, daß ich mich selbst (davor) schütze, nicht (aber) den andern?

2. Wer dem Leiden ein Ende machen und das Glücksziel (des Nirvāṇa) erreichen will, muß, nachdem er die Wurzel des Glaubensvertrauens (śraddhā zu den Buddhas) gefestigt hat, sein Denken fest auf Erleuchtung (gerichtet) halten.

3. Eifer im Studium (śikṣā) ist gemäß dem Mahāyāna die Observanz des Bodhisattva. Darum sollte man die Hauptpunkte (des Mahāyāna) kennen und dadurch frei sein von Tadel.

1 Benutzte Textausgabe: Śikṣā-Samuccayaḥ, ed. by P.L.Vaidya, Darbhanga 1961 (BST No. 11)

4. Das Hingeben der eigenen Person, der Freuden und des in den drei Zeiten (Vergangenheit, Gegenwart und Zukunft karmisch) erworbenen Wohls zugunsten aller Wesen, das ist (sowohl) Schutz als auch Fortschritt (auf dem Wege) der Läuterung.

5. Den Wesen zum Nutzen wird die eigene Person usw. hingegeben. Was nicht behütet wurde, wie sollte von dem ein Nutzen kommen? Was ist (schon) gegeben, wenn es nicht (vom Geber) wertgehalten wird?

6. Darum sollte man zum Nutzen für die Wesen die eigene Person usw. schützen, indem man niemals einen geistigen Freund (kalyāṇamitra) im Stich läßt und ständig die Sūtras vor Augen hat.

7. Was heißt Schutz der eigenen Person? –: Aufgeben des nicht (zur Erlösung) Zweckdienlichen. Wodurch erreicht man das? –: Indem man unproduktive Betriebsamkeit ablegt.

8. Dies gelingt durch ständige Achtsamkeit (smṛti). Achtsamkeit erwächst aus tiefer Ehrfurcht (ādara). Ehrfurcht entsteht durch Sorgen (tāpa), nachdem man die Erhabenheit der Ruhe erkannt hat.

9. »Wer konzentriert ist, der erkennt wirklichkeitsgemäß«, so hat der Weise (Buddha) gesagt. Wenn der Geist sich abwendet von äußerlicher Geschäftigkeit, gelangt er nicht aus der Ruhe.

10. Stets standhaft und sanften Geistes sollte man gute Menschen durch freundliche Anrede (für sich) gewinnen; so wird man ihnen sympathisch.

11. Leute aber, die einen solchen Sohn des Siegers (Buddha) unwillkommen heißen und schmähen, werden (aufgrund ihres unheilsamen Karman) in den Höllen kochen gleich dem von Asche bedeckten Feuer.

12. Darum hat der Sieger im Ratnamegha(-Sūtra) die kurze Regel ausgesprochen: »Was die Wesen zu unfreundlichem Benehmen (herausfordert), das sollte man sorglich unterlassen.«

13. Schutz der eigenen Person (wie in Strophe 7 angeschnitten, heißt auch) durch Arznei und Kleidung usw. Die Befriedigung der Eigenbegierde (ātmatṛṣṇā) aber führt dazu, daß (für den Betreffenden) unsauberes (karmisches) Geschick entsteht.

14. »Allenthalben gute Taten tun, (aber) in Kenntnis des (rechten) Maßes.« Wer dieser Regel folgt, dem fällt die Sicherung (des karmischen) Nutzens (jener Taten) nicht schwer.

15. Indem man frei ist von der Begierde, daß die (karmische) Reifung (der guten Tat dem Täter) *selbst* zugute komme, sichert man das Glück (d. i. das Eintreten der guten Wirkung). Macht euch hinterher (nach der guten Tat) keine Sorge (über ihren Erfolg). Und wenn sie getan ist, sollte sie nicht herumerzählt werden.

16. Gewinn und Ehren soll der Bodhisattva ebenso meiden wie Huldigung. Heiter soll er sein und Zweifel an der (Buddha-)Lehre vertreiben.

17. Eine geläuterte Person wird (nach dem Tode) für die (tierischen) Wesen ein heilsamer Genuß werden wie wohlzubereiteter, körniger Reis.

18. Wie von Unkraut überwuchertes Getreide durch Krankheiten verdirbt und nicht gedeiht, ebenso gelangt ein Buddha-Sohn, der von Verunreinigungen (kleśa) überwuchert ist, nicht zum Gedeihen.

19. Was heißt Reinigung der eigenen Person? –: Läuterung von Bösem und von den Verunreinigungen (Gier, Haß und Verblendung) gemäß dem Wort des Buddha. Wenn aber der Eifer (dazu) fehlt, geht man zugrunde.

20. Seid ausdauernd, bemüht euch um das (Buddha-)Wort (śruta), dann zieht euch in den Wald zurück, diszipliniert euch zur Meditation (samādhāna) und denkt nach über die Unreinheiten (des Körpers) usw.

21. Die Läuterung der Genüsse sollte man kennen, die aus der Reinigung durch rechten Lebensunterhalt hervorgeht. Reini-

gung des (karmischen) Verdienstes (puṇya) resultiert aus solchem Tun, das seinen Ursprung in Leerheit (śūnyatā) und Mitleid (karuṇā) hat.

22. Empfänger (Bedürftige) gibt es sehr viele. Was, (wenn einer) nur wenig (zu geben) hat? –: Da es nicht zu voller Zufriedenheit ausreicht, muß es vermehrt werden.

23. Was heißt Stärkung der eigenen Person? –: Steigerung der Kraft und des Fleißes. Steigerung des Nutzens (erwächst) aus Gebefreudigkeit (dāna), die ihren Ursprung in Leerheit und Mitleid hat.

24. Nachdem (ihr) zuerst sorgfältig Entschlossenheit und Zielstrebigkeit gefestigt und das Mitleid zur Hauptsache gemacht habt, sollt ihr auf die Mehrung des Glücks (śubha der Wesen) hinarbeiten.

25. Befolge die Regel des Tugendwandels und die Ehrung (der Buddhas) usw. stets mit Ehrfurcht. Glaubensvertrauen usw., Güte (maitrī zu den Wesen) und das Gedenken an die Buddhas sollte man immerzu ausüben.

26. Das Geschenk des Dharma, von Sinnenreizen frei, ist ein Gewinn für die Wesen in allen Lebensumständen. Kurzum: Die Ursache des Wachsens (karmischen) Verdienstes ist ein auf Erleuchtung gerichtetes Denken (bodhicitta).

27. Vollendung (siddhi erwächst) aus wachsamer Beharrlichkeit bei den rechten Verzichten, ferner durch Achtsamkeit, Geistespräsenz und gründliches Nachdenken.

Der aktive Bodhisattva-Weg: Die zehn Stufen

Das älteste System der Bodhisattva-Schulung findet sich in den Sūtras der Prajñāpāramitā-Literatur (AP 15, p. 146). Es handelt sich um eine Liste von sechs Tugenden oder Vollkommenheiten (pāramitā), die der Bodhisattva systematisch ausbilden soll, nämlich:

1. Freigebigkeit (dāna),
2. Zucht (śīla),
3. Geduld (kṣānti),
4. Willensstärke (vīrya),
5. Meditation (dhyāna) und
6. Weisheit (prajñā).

Später, kurz vor dem oder im 3. Jahrhundert n. Chr., wurde die Liste um vier weitere Tugenden auf zehn ergänzt, nämlich:

7. (richtige) Methode (upāya),
8. Vorsatz oder Gelübde (praṇidhāna),
9. Kraft (bala) und
10. Wissen (jñāna).

Die Anhänger der Leerheitsphilosophie dürften die Aufstockung der Vollkommenheiten reserviert aufgenommen haben, denn in ihrer Wertskala steht das Wissen (Nr. 10) weit *unter* der Weisheit (Nr. 6). Andererseits ganz in ihrem Sinne war die Aufnahme der rechten Methode (upāya[kauśalya], Nr. 7), einer Tugend, die schon in den ältesten Prajñāpāramitā-Texten (z. B. AP 4, p. 51) eine Rolle spielt. Rechte Methode bedeutet, daß der Bodhisattva den jeweils angemessenen pädagogischen Kunstgriff kennt, um ein Wesen für die Buddha-Lehre zu begeistern. Daß Menschen nach dem Tode des Buddha den Heilsweg gehen, ist der rechten Methode der Bodhisattvas zu danken (AP 3, p. 37).

Ein zweites System der Bodhisattva-Schulung stellen die Stufen oder »Ebenen« (bhūmi) dar, deren Zahl teils mit sieben, im voll entwickelten System mit zehn angegeben wird. Die Zahl zehn wurde im 2./3. Jahrhundert in Indien Mode. Damals war das Dezimalsystem entdeckt worden und die Sūtra-Autoren und Philosophen begannen, eine Vorliebe für Zehnergruppen zu entfalten. Manche Künstelei in der Systematik geht auf die Sucht nach der Zehn zurück.

Die zehn Bodhisattva-Stufen sind in den Quellen nicht ganz einheitlich dargestellt. Das Daśabhūmikasūtra, »Zehnstufen-Sūtra«, zählt auf:

1. Die Freudige (pramuditā),
2. die Makellose (vimalā),
3. die Strahlende (prabhākārī),
4. die Flammende (arciṣmatī),
5. die schwer zu Erringende (sudurjayā),
6. die (der Weisheit) Zugewandte (abhimukhī),
7. die Weitreichende (dūraṅgamā),
8. die Unbewegte (acalā),
9. die mit frommem Denken Versehene (sādhumatī) und
10. die Wolke der Lehre (dharmamegha).

Voraussetzung des Stufenweges ist ein »auf Erleuchtung gerichtetes Denken« (bodhicitta). Jemand mag sich gern mit der Lehre des Buddha beschäftigen, mag sie sogar fördern und verbreiten – erst wenn sein Geist auf Erleuchtung (bodhi) gerichtet ist, wird er ein Bodhisattva. »Die Bodhisattvas, Mahāsattvas, denen zu Anfang der Erleuchtungsgedanke (cittotpāda) aufgegangen ist, die gelangen (schließlich) zur höchsten, zur vollkommenen Erleuchtung...« (AP 26, p. 216). Allerdings darf sich der Bodhisattva nicht in das Denken an Erleuchtung verbeißen (AP 1, p.10), denn wenn er das tut, ist dies ein Haften (saṅga) (AP 8, p. 95) und folglich ein Hindernis für die Erlösung. Er muß seinen Weg gehen in Absichtslosigkeit: zielgerichtet, aber zwanglos. Der Bodhisattva-Weg steht Männern und Frauen offen, Laienbekennern ebenso wie Mönchen und Nonnen.

Das Daśabhūmikasūtra umreißt den Bodhisattva-Weg in der Weise, daß es das System der Zehn Vollkommenheiten mit den Zehn Stufen kombiniert. Auf jeder Stufe (bhūmi) wird *eine* Tugendvollkommenheit (pāramitā) gepflegt. Das bedeutet keineswegs, daß der Bodhisattva die nicht genannten Tugenden außer acht lassen darf. Er wird nur aufgefordert, sich in der jeweiligen Übungsphase in dieser einen Tugend besonders intensiv zu schulen.

1. Die erste Bodhisattva-Stufe, »die Freudige« (pramuditā), heißt so wegen des Hochgefühls, das der junge Bodhisattva empfindet. Er ist voll des Jubels, weil er sich über die Dutzendmenschen erhoben hat und seinen Weg deutlich vor sich sieht. Die Ängste des Alltags um Erwerb und gesellschaftlichen Stand sind von ihm

abgefallen. Glaubensvertrauen zu den Buddhas, Mitleid für die Wesen, Eifer im Studium des Dharma und Begeisterung für den Bodhisattva-Weg füllen ihn aus. Zugunsten der Wesen, die wegen ihrer äußeren Not keinen Gedanken auf den Erlösungsweg wenden können, übt er die Tugendvollkommenheit der Freigebigkeit (dānapāramitā). Sogar Frauen und Kinder, Glieder, Gesundheit und Leben ist er bereit hinzugeben, wenn dies der Erlösung anderer dienlich ist.

2. Auf der zweiten Stufe, der »Makellosen« (vimalā), bemüht sich der Bodhisattva um die Vollkommenheit der Zucht (śīlapāramitā), das heißt um die Verwirklichung des Achtfachen Weges (aṣṭāṅgika mārga) der Selbstdisziplin, wie er vom historischen Buddha Gautama gelehrt worden ist. Da dieser Achtfache Weg die Verunreinigungen (kleśa) vernichtet, wird der Bodhisattva makellos (vimala). Er ist aufrichtig, gezügelt, überlegen und begierdefrei. Anderen Wesen ist er Freund, Wegweiser und Beschützer.

3. Die dritte Stufe, »die Strahlende« (prabhākarī), macht den Bodhisattva zu einer Leuchte der Lehre. Seine Gedanken sind rein, unweltlich und leidenschaftslos, weshalb er auf dieser Fortschrittsebene zu philosophischen Einsichten fähig wird. Tag und Nacht widmet er sich dem Studium der Sūtras, daher stärkt sich in ihm die Tugend der Geduld (kṣāntipāramitā).

Auch meditative Fähigkeiten entwickelt er auf dieser Stufe: die vier meditativen Tiefenstufen (dhyāna) und die vier »Brahma-Verweilungen« (brahmavihāra), in denen er – gleichsam viergesichtig wie der Hindugott Brahma – nacheinander Güte, Mitleid, Mitfreude und Gleichmut entfaltet und in alle Himmelsrichtungen strahlt.

4. Die vierte Übungsstufe, »die Flammende« (arçismatī), läßt den Bodhisattva über die Natur der Wesen und der Welt reflektieren. In einer feurigen Vision gehen ihm die Vergänglichkeit alles Daseienden und die Bedeutung der Erlösung auf. Dabei wirft er die letzten falschen Vorstellungen über ein Ich oder Selbst (ātman) ab. Zudem festigt sich sein Vertrauen in die »Drei Juwelen« Buddha, Dharma und Saṅgha. Er übt die Tugend der Willensstärke (vīryapāramitā).

5. Auf der fünften Stufe, die »sehr schwer zu erringen« (sudurjayā) ist, realisiert der Bodhisattva die konventionelle und die absolute Wahrheit (saṃvṛtti / paramārtha satya) und die Leerheit (śūnyatā) aller Wesen und Dinge. Ungeachtet der Erscheinungshaftigkeit der Wesen und ihrer essentiellen Erlöstheit bemüht er sich, sie auf den Weg zur Erlösung zu bringen. Ferner vervollkommnet er die Tugend der Meditation (dhyānapāramitā).

6. Die sechste Fortschrittsstufe besteht darin, daß der Bodhisattva die Tugend der Weisheit (prajñāpāramitā) gewinnt. Diese Stufe heißt deshalb »die im Angesicht (absoluter Klarheit) Stehende« (abhimukhī). Die Weisheit ermöglicht es dem Bodhisattva, Saṃsāra und Nirvāṇa als identisch zu erschauen sowie zu erkennen, daß alles empirisch vorhandene »nur Geist« (cittamātra) ist. Jegliche Wünsche fallen von ihm ab.

7. Die siebte Stufe heißt »die Weitreichende« (dūraṅgamā), weil der Bodhisattva, jetzt im Besitz der erlösenden Weisheit, in seinem Wirken nicht mehr durch Naturgesetze behindert ist. Von dieser siebten Stufe aus wäre es ihm möglich, ins Parinirvāṇa oder Statische (pratiṣṭhita) Nirvāṇa einzugehen, also beim Tode endgültig zu verlöschen. Da er als mitleidiger Bodhisattva aber gelobt hat, die Wesen im Saṃsāra nicht im Stich zu lassen, nimmt er lediglich das Aktive (apratiṣṭhita) Nirvāṇa an, einen Erlöstheitszustand, der ihm erlaubt, von saṃsārischen Zwängen frei in der Welt zu bleiben, um den Wesen zur Erlösung zu verhelfen. Damit ist er in eine andere Seinsweise eingetreten und zum *Transzendenten* Bodhisattva geworden: *In* der Welt, aber nicht mehr *von* der Welt. Die Kunst Asiens stellt die Transzendenten Bodhisattvas mit der fünfblättrigen Krone dar, die sie als Souveräne über den Saṃsāra und die Naturgesetze kennzeichnet. Einige Transzendente Bodhisattvas besitzen zur Verdeutlichung ihrer übernatürlichen Fähigkeiten mehrere Gesichter und Armpaare.

Dem Bodhisattva der siebten Stufe kommen zwei für die Erlösungshilfe wichtige Fähigkeiten zu. Als Tugendvollkommenheit wird ihm Geschicklichkeit in der Wahl der pädagogischen Methode (upāyapāramitā) zuteil: Für jedes Wesen kennt er den richtigen Kunstgriff, um es auf den Heilsweg zu führen.

Die zweite ihm zuwachsende Fähigkeit ist die der Verdienstübertragung (pariṇāmanā)[1]. Von der siebten Vollendungsstufe an ist der Bodhisattva imstande, sein eigenes durch gute Taten erworbenes religiöses Verdienst (puṇya, kuśala) an Bedürftige weiterzureichen, um ihnen raschere Erlösung zu ermöglichen. Daß er dabei sein »karmisches Guthabenkonto« überziehen könnte, ist nicht zu befürchten, denn das Wegschenken des Verdienstschatzes ist eine heilsame Tat, die dem Geber zugleich Verdienst einträgt. Solange der Bodhisattva selbstlos und aus Mitleid handelt, ist sein Guthaben an Verdienst unerschöpflich.

Die frühen Bodhisattva-Texte, darunter das Daśabhūmikasūtra (3. Jh.), bewerten die Fähigkeit der Verdienstübertragung relativ gering. Anscheinend stieg ihre Bedeutung erst mit dem Populärwerden des *passiven* Bodhisattva-Weges. Das Bodhicaryāvatāraśāstra des Śāntideva (8. Jh.) widmet der Verdienstübertragung Verse, die zur innigsten Poesie der religiösen Weltliteratur gehören (Bca 3,6–21; 10, 1–2).

8. Die achte Bodhisattva-Stufe ist »die Unbewegte« (acalā), denn unerschütterlich hält der Transzendente Bodhisattva an seinem Gelübde fest, sich für andere einzusetzen. »Gelübde« ist deshalb die Tugendvollkommenheit (praṇidhānapāramitā) dieser Stufe.

Kennzeichnend für die achte Stufe ist, daß der Transzendente Bodhisattva fähig wird, jede Erscheinungsform anzunehmen, die für das beabsichtigte Erlösungswerk vonnöten ist.

> In einem Augenblick zeigen sich die weisen Bodhisattvas in den Gestalten aller Wesen und mit den Stimmen und Lauten, die sie von sich geben.
>
> Sie werden (nach Bedarf) alt und krank (oder) zeigen sich als tot; so spielen sie, damit die Wesen (zur Erleuchtung) heranreifen, (diese) Scheinwirklichkeit (māyādharma).

1 Im Theravāda-Buddhismus, der die Verdienstübertragung (P. pattidāna) im Prinzip ablehnt, weil das Kamma-Ergebnis nur seinem Urheber zugute kommen kann, ist sie dennoch vereinzelt belegt (z. B. A 7,50). In mahāyānischer Zeit wurde sie im *Populär*-Buddhismus theravādischer Länder Brauch, vor allem, um einem lieben Verstorbenen Verdienst (P. puñña) »nachzusenden«.

Der Borobodur-Stūpa auf Java (Indonesien) verwendet die Idee des Maṇḍala zur Darstellung des zehnstufigen Bodhisattva-Weges. Wenn der Besucher das 123 m breite, 42 m hohe Steinmonument von Etage zu Etage hochsteigt, durchschreitet er symbolisch die Entwicklungsphasen des Bodhisattva.
Die untere (äußere) Plattform versinnbildlicht die Weltebene und das auf Erleuchtung gerichtete Denken (bodhicitta), die dann folgenden sechs quadratischen Plattformen kennzeichnen die Stufen (bhūmi) des Bodhisattva-Weges. Auf der siebten Stufe wird der Bodhisattva zum *Transzendenten* Bodhisattva; diese Stufe und die folgenden sind deshalb durch *runde* Plattformen symbolisiert. Der Stūpa auf der Spitze kennzeichnet die Bodhisattva-Vollendung (Stufe 10).
Der Borobodur-Stūpa wurde im 9. Jahrhundert von der javanischen Śailendra-Dynastie errichtet. Wie viele Länder Asiens war auch Indonesien einst weitgehend buddhistisch.

...

Wohlüberlegt werden sie Hetären, um die Männer an sich zu ziehen. Nachdem sie sie mit dem Haken der Begierde herangelockt haben, errichten sie (in ihnen) das Buddha-Wissen.

Und immer (wieder) werden sie, um den Wesen Gutes zu tun, Dorfleute, Karawanenführer, Priester, Hauptminister und Minister. (Vimalakīrtinirdeśa, zit. im Śs 18, pp. 172 und 173)

9. Auf der neunten Stufe, »die mit frommem Denken versehen ist« (sādhumatī), nutzt der Bodhisattva sein analytisches Verständnis des Dharma, indem er ein hervorragender Prediger wird. Er vervollkommnet sich in der Tugend der Kraft (balapāramitā). Zudem entwickelt er Verständnis für magische Schutzformeln (dhāraṇī), sozusagen Worttalismane, die er an die Erlösungssucher weitergibt.

10. Mit Erreichung der zehnten Stufe schließlich ist der Transzendente Bodhisattva ein *himmlischer* Bodhisattva geworden. Als Geweihter (abhiṣikta) sitzt er im Himmel auf einem mächtigen Lotos und von seinem Körper geht ein Leuchten aus. Wie eine Wolke Regen herabschickt, so kann er Strahlen auf die Erde herabsenden, die Leid und Elend mildern – daher der Name dieser Stufe: »Wolke der Lehre« (dharmamegha). Die Tugend des himmlischen Bodhisattva ist das Wissen (jñānapāramitā).

Ein Bodhisattva der zehnten Stufe ist Maitreya, der gegenwärtig im Tuṣita-Himmel darauf wartet, als nächster Buddha auf die Erde hinabzusteigen.

Der passive Bodhisattva-Weg

Den aktiven Bodhisattva-Weg einzuschlagen, um selbst ein Bodhisattva zu werden, setzt Disziplin und Ausdauer voraus, Eigenschaften, die nur wenige Menschen besitzen. Die vielen, die den aktiven Bodhisattva-Weg zu gehen außerstande sind, brauchen Erlösungsbeistand von außen: Sie müssen sich den Bodhisattvas passiv anvertrauen. Haben die Bodhisattvas nicht gelobt, jedem auf den Weg zur Erlösung zu verhelfen? Verfügen sie nicht über genug karmisches Verdienst (puṇya), um bereitwillig davon abzugeben?

Vor allem die *Tranzendenten* Bodhisattvas, die der siebten und höheren Stufen, sind in der Lage, Erlösungsbeistand zu leisten. Die Sūtras kennen etwa zweihundert Bodhisattvas, aber die meisten sind blasse Gestalten, die nur in Aufzählungen vorkommen. Lediglich zwei Gruppen von Transzendenten Bodhisattvas haben Profil: die fünf den Transzendenten (Sambhogakāya-)Buddhas beigeordneten Bodhisattvas und die später kompilierte Gruppe der acht. Das erstgenannte System nimmt folgende Zuordnung vor:

Transz. Buddha:	Vairocana	Akṣobhya	Ratnasambhava	Amitābha	Amoghasiddhi
	|	|	|	|	|
Transz. Bodhis.:	Samantabhadra	Vajrapāṇi	Ratnapāṇi	Avalokiteśvara	Viśvapāṇi

Zur Gruppe der acht Transzendenten Bodhisattvas zählen:

1. Avalokiteśvara,
2. Ākāśagarbha,
3. Vajrapāṇi,
4. Kṣitigarbha,
5. Sarvanīvaraṇaviṣkambhin,
6. Maitreya (der Zukunftsbuddha),
7. Samantabhadra und
8. Mañjuśrī.

Erlösungshelfer von Bedeutung sind vor allem Avalokiteśvara und, in geringerem Maße, Mañjuśrī. Im 6. Jahrhundert zogen auch weibliche Bodhisattvas ins mahāyānische Pantheon ein, darunter die Weiße und die Grüne Tārā.

Avalokiteśvara

Der älteste Teil des Saddharmapuṇḍarīkasūtra (1. Jh. n. Chr.) erwähnt Avalokiteśvara nur beiläufig (SP 1, p. 1). Nachdem der Bodhisattva aber im Sukhāvatīvyūhasūtra (ebenfalls 1. Jh. n. Chr.) als »mächtiger Buddha-Sohn« gepriesen (SvL 31, 13 [40]) und,

Der Transzendente Bodhisattva Avalokiteśvara in Gestalt des Padmapāṇi, »Der den Lotos in der Hand hält«. Wahrscheinlich ist dies die älteste Darstellungsweise des Avalokiteśvara. Die rechte Hand ist in der Gewährungsgeste nach außen und unten geöffnet. (Nach einer Sandstein-Skulptur des 8. Jh. im Museum Nālandā.)

zusammen mit Mahāsthāmaprāpta, als alles erhellende Leuchte in Amitābhas Buddha-Land Sukhāvatī charakterisiert worden war (SvL 34), nahm das Saddharmapuṇḍarīkasūtra nachträglich ein ganzes Kapitel über ihn auf (SP 24). Damit begann Avalokiteśvaras religionshistorischer Siegeszug, der im 5. Jahrhundert seinen Gipfelpunkt erreichte.

Avalokiteśvara, »Der Herr, der (barmherzig) herabschaut« auf die leidenden Wesen, ist das Urbild des Erlösungshelfers schlechthin; sein hervorstechender Wesenszug ist das Mitleid (karuṇā). Indem er den Menschen hilft, Gier, Haß und Verblendung in sich zu vernichten (SP 24, p. 251), macht er ihnen die Befreiung aus dem Wiedergeburtenkreislauf leichter.

Avalokiteśvara als »Der Elfköpfige mit dem großen Mitleid« (Ekādaśamahākaruṇika). Er hat auch den Beinamen »Der überall Gesichter hat« (Samantamukha), damit nämlich kein Leid in der Welt ihm entgeht und er rasch zu Hilfe kommen kann. Das gleiche drücken die »tausend« Hände aus, deren jede ein Auge trägt.

Der Mahāsattva, Bodhisattva Avalokiteśvara ist eine Leuchte für die Blinden, ein Schirm für die von Sonnenglut Verbrannten, ein Fluß für die Verdurstenden. Denen, die in Furcht und Schrecken sind, schafft er Sicherheit; er ist ein Arzt für die von Krankheit Gequälten; unglücklichen Wesen ist er Mutter und Vater; den in die Hölle Gestürzten weist er das Nirvāṇa. ... Glücklich sind die Wesen in der Welt, die seines Namen gedenken: Sie entrinnen als erste dem saṃsārischen Leiden. (Kv, 1,16, p.282)

Avalokiteśvara als »Der Herr der sechs Silben« (Ṣaḍakṣarin), nämlich des Mantra »Oṃ. Maṇi padme. Hūṃ.« Die inneren Hände umschließen das Wunschjuwel Cintāmaṇi, das alle Wünsche erfüllt, die äußeren halten den Lotos und den 108perligen Rosenkranz, der zum Abzählen der gesprochenen *Manipadmes* dient.

So viele hunderttausend Millionen und Milliarden Wesen hier (in der Welt) Leiden ertragen – wenn sie den Namen des Mahāsattva Bodhisattva Avalokiteśvara hören, werden sie alle dadurch von der Masse des Leidens befreit werden. (SP, 24, p.250)

Sogar in die feurige Avīcihölle steigt er hinab, um den Wesen, die dort ihr übles Karman abzugelten haben, Kühlung und Heilsbelehrung zu bringen, wie das Kāraṇḍavyūhasūtra beschreibt.

Darüber hinaus ist er ein Retter aus akuter Gefahr. Ob jemand ins Feuer fällt, von der Flußströmung davongetragen, zu den Dämonen verschlagen oder zur Hinrichtung geführt wird, stets wird Avalokiteśvara den ihn Anflehenden erretten. Ketten und Fesseln zerspringen, Räuber fliehen voll Entsetzen, wenn er angerufen wird (SP 24, p.250f.).

Die Invokationsformel für Avalokiteśvara ist der »große sechssilbige (Zauber)Spruch« (saḍakṣarīmahāvidyā), der im Kāraṇḍavyūhasūtra empfohlen (Kv 3, p.292ff.), aber nicht angeführt wird; anscheinend sollte er den Adepten vorbehalten bleiben. Gemeint ist

»Oṃ. Maṇi padme. Hūṃ«, das Mantra des Avalokiteśvara, in tibetischer Schrift.

das Mantra »Oṃ. Maṇi padme. Hūṃ«. *Oṃ* und *hūṃ* kennzeichnen den Anfang und das Ende und symbolisieren die Totalität – wie im Christentum das »A und O«, der erste und letzte Buchstabe des griechischen Alphabets. Die Kernformel *maṇi padme*, »O du Juwel im Lotos«, bezieht sich auf das Absolute, das in allem enthalten ist, spielt aber auch auf das alle Wünsche erfüllende Juwel Cintāmaṇi an, das der »Sechssilben-Avalokiteśvara« mit dem inneren Händepaar umschließt.

Eine Fähigkeit der Bodhisattvas der achten und höheren Bhūmis ist es, zum Zwecke des Heilsbeistandes vielfältige Erscheinungsformen anzunehmen, wenn nötig mehrere zugleich. Avalokiteśvara macht davon besonders regen Gebrauch. In Tibet teil-inkarniert er sich als der Dalai Lama. Manchmal legt er sich die Gestalt eines Buddha bei, er kann aber auch als der Hindugott Brahma, als Indra, Maheśvara (= Śiva) oder (der Schatzhüter) Kubera auftreten (SP 24, p.252). In die Form von Gottheiten anderer Religionen zu schlüpfen, um Fremdgläubigen das buddhistische Dharma-Wissen zu bringen, ist einer der pädagogischen Kunstgriffe (upāyakauśalya), die der Bodhisattva auf der siebten Vollendungsstufe beherrschen lernt.

Infolge seiner ungeheuren Verwandlungsfähigkeit ist Avalokiteśvara die formenreichste Gestalt des buddhistischen Pantheons. Nach den Texten gibt es von ihm 108 Erscheinungsformen, in der Kunst sind sogar 130 ikonographische Ausgestaltungen nachweisbar.

Der passive Bodhisattva-Weg ist ein leichter Weg zur Erlösung, aber ein Weg, der moralisch verpflichtet. Wäre es nicht krasser Undank, den Heilsbeistand Avalokiteśvaras anzunehmen, ohne selbst bei der Erlösung der anderen Wesen mithelfen zu wollen? Die angemessene Weise, einem Bodhisattva für Erlösungshilfe zu danken, ist, selber ein Bodhisattva zu werden. In Śāntidevas Worten:

> Was gäbe es für eine bessere Schuldbegleichung bei (unseren) wahren Freunden (den Bodhisattvas), die (uns) unermeßlichen Beistand geleistet haben, als Dienst für die Wesen? (119)
>
> Wenn man (etwas) getan hat für diejenigen, deretwegen (die Bodhisattvas) ihren Körper zerfleischen und in die tiefste Hölle eintreten, dann, wahrlich, hat man Gutes getan. Darum muß man auch großen Übeltätern alle Wohltat erweisen. (120)
>
> Um deretwillen sogar meine Herren (die Bodhisattvas) freiwillig rücksichtslos gegen sich selbst sind, wie könnte ich gegenüber (meinen) Herren (und) allen diesen (von ihnen Geförderten) Stolz (zeigen) und nicht vielmehr ihr Diener sein? (121)
>
> (Bca 6,119–121, p.58)

Mañjuśrī

Religionsgeschichtlich sind Mañjuśrī und Avalokiteśvara gleich alt. Beide werden in den ältesten Prajñāpāramitā-Texten (1.Jh. vor – 1.Jh. n. Chr.) noch nicht erwähnt, erscheinen aber im Saddharmapuṇḍarīkasūtra (1.Jh. n. Chr.). Avalokiteśvaras Popularität setzte etwa im 2./3. Jahrhundert ein, die des Mañjuśrī zweihundert Jahre später. Im 6. Jahrhundert wurde Mañjuśrī ein Thema der indischen Kunst.

Ist Avalokiteśvara der Bodhisattva des Mitleids, so Mañjuśrī der der Weisheit (prajñā). Als kluger Dialogpartner kommt er außer im Saddharmapuṇḍarīkasūtra im Gaṇḍavyūhasūtra (4. Jh.) und in der Saptaśatikā-Prajñāpāramitā (= Mañjuśrīparivarta) (5. Jh.) vor. In dem nur chinesisch tradierten Mañjuśrībuddhakṣetraguṇavyūhasūtra, das Mañjuśrīs Buddhaschaft voraussagt, entwickelt er Gedanken, die an die Weisheitsphilosophie der Prajñāpāramitā-Texte anknüpfen – mit der gleichen Freude am Paradox. Sein

An seinen Attributen Flammenschwert und Weisheitsbuch ist der Transzendente Bodhisattva Mañjuśrī leicht zu identifizieren. Er erscheint in 20 ikonographischen Varianten.

dereinstiges Buddha-Paradies wird in der südlichen Weltsphäre liegen.

Mañjuśrī, »Der von lieblicher Schönheit«, oder Mañjughoṣa, »Der mit der sanften Stimme«, hilft dem Freiheitssucher dadurch, daß er ihm erlösungsförderliche Fähigkeiten verleiht. Wer ihn anruft, dem gewährt er Verständnis der buddhistischen Schriften und die Gedächtniskraft, sie im Wortlaut zu behalten. Er ist der Schutzpatron der Gelehrten und Studenten und der Herr der Wissenschaften, namentlich der Grammatik.

Seine Beigaben, das flammende Schwert in der rechten, mit dem er die Unwissenheit zerstört und Licht bringt, und das Buch der Transzendenten Weisheit in der linken, haben ihn im Volksglauben auch zum Herrn des Tagesbeginns gemacht. Mit dem Flammenschwert vertreibt er die Finsternis, mit dem Buch schafft er Geistaktivität und ermöglicht den Anfang. Vor jedem geistigen Unternehmen ist es gut, Mañjuśrīs zu gedenken.

Gewisse Züge Mañjuśrīs lassen es nicht ausgeschlossen erscheinen, daß er auf ein historisches Vorbild zurückgeht. Wiederholt wird er als Kronprinz oder Jüngling (kumāra) bezeichnet, und einer seiner Beinamen ist »Der mit den fünf Haarknoten (oder: Zöpfen)« (pañcaśikha). In Nepāl betrachtet man ihn als den Heros, der das

In seiner vierarmigen Form führt Mañjuśrī neben Schwert und Buch auch Pfeil und Bogen. Sie symbolisieren nach der einen Auffassung Weisheit und Methode (upāya), nach der anderen die sprachliche und philosophische Treffsicherheit wacher Intelligenz. Die vier Weisheitsbücher in den vier Richtungen des Maṇḍala machen deutlich, daß Mañjuśrīs Weisheit alle Weltsphären durchdringt.

ursprünglich rundum geschlossene, von einem See bedeckte Kathmandu-Tal durch einen Schlag seines Schwertes nach Süden geöffnet und das Wasser zum Abfließen gebracht hat. In China, wo er eine große Anhängergemeinde besaß, wurde er auf dem »Berge der fünf Gipfel« (pañcaśīrṣa) in der Provinz Shanxi verehrt.

Tārā

Weibliche Transzendente Bodhisattva sind seit dem 6. Jahrhundert in der mahāyānischen Vorstellungswelt zu Hause. Sie sind ein Ergebnis der Volksfrömmigkeit, die sich hinduistische Göttinnen

Der weibliche Transzendente Bodhisattva Weiße Tārā. Voller Mitleid schaut sie mit ihren sieben Augen in alle Weltgegenden. Sie ist vor allem eine Erlösungshelferin.

zum Vorbild nahm. Eine feminine Form des Wortes »Bodhisattva« ist nicht in Gebrauch.

Der Name Tārā, »Stern«, des prominentesten weiblichen Bodhisattva wird in nicht ganz einwandfreier Etymologie auch als »Retterin« oder »Erlöserin« interpretiert. Daß ihre markanteste Eigenart das Mitleid (karuṇā) ist, rückt sie in die Nähe des Bodhisattva Avalokiteśvara, der ebenfalls durch sein Mitleid hervorsticht. Eine Legende behauptet in der Tat, aus den Mitleidstränen des Avalokiteśvara sei ein See entstanden, aus dem eine wunderbare Lotosknospe hervorwuchs. Als sie sich zur Blüte entfaltete, habe Tārā in ihrer Mitte gesessen.

Tārā ist siebenäugig, außer ihren natürlichen Augen besitzt sie weitere Augen auf der Stirn, den Hand- und Fußflächen. Kein Leid der Welt entgeht ihr. Im alten Indien scheint sie besonders von Frauen angerufen worden zu sein, zumeist im eigenen Haus, weniger im Tempel, obwohl auch die Tempel eine Tārā-Darstellung besaßen. Sie war ein Erlösungs- und Schutzbodhisattva, der als immer zugegen gedacht wurde.

Im 7. Jahrhundert kam es zu einer Teilung dieser Funktionen derart, daß die Rolle der Erlösungshelferin, also die eigentliche

Die Grüne Tārā besitzt nur die natürlichen Augen. Sie ist eine Beschützerin vor Gefahren.

Bodhisattva-Aufgabe, bei der siebenäugigen Tārā verblieb und für die Aufgaben des Schutzes eine zweite Tārā eingeführt wurde. Die beiden Tārās wurden fortan als die Weiße Tāra (Sītatārā) und die Grüne Tārā (Śyāmatārā) unterschieden. Die Grüne Tārā, der die zusätzlichen Augen fehlen und die vor *allen* Arten von Gefahr bewahrt, wurde später noch weiter aufgeteilt, wodurch auch Gelbe, Blaue und Rote Tārās entstanden. Sie sind auf den Schutz vor jeweils einzelnen Gefahren spezialisiert. Typologisch sind sie kaum noch den Bodhisattvas zuzurechnen und gehören eher in die Kategorie der Götter.

Die tolerierten Götter und Geister

Die Buddhas sind Wegweiser zur Erlösung und Hüter von Zwischenparadiesen, die Bodhisattvas sind Heilshelfer. Götter (deva) werden im Erlösungsverfahren des Buddhismus nicht gebraucht.

Sie genießen im buddhistischen System auch keine besondere Hochachtung. Zwar leben sie länger und glücklicher als gewöhnliche Wesen, sie sind aber Götter als Frucht der guten Taten (karman) ihrer Vorexistenzen. Sobald ihr altes karmisches Verdienst (puṇya) sich erschöpft hat, sind sie, entsprechend ihrem als Götter neu angesammelten Karman, zur Wiedergeburt gezwungen und müssen meist aus ihrer Götterexistenz abtreten in eine andere, niedrigere Daseinsform. Götter sind gleich allen Wesen unerlöste Wanderer im Saṃsāra.

Überdies sind sie in Erlösungsfragen unwissend, da ihnen die Erfahrung des Leidens (duḥkha) fehlt. In dem Irrtum befangen, Erlösung sei für sie nicht mehr vonnöten, machen sie sich über das Nirvāṇa keine Gedanken. Ihr einziges Plus besteht darin, daß sie Schutz gewähren können.

Gerade das macht sie freilich wertvoll für den buddhistischen *Volks*glauben. Da die buddhistische Hochreligion »nur einen Geschmack hat, (nämlich) den der Erlösung« (A 8,19), zeigt sie für die weltlichen Anliegen ihrer Bekenner wenig Sinn. In diese Bresche traten die Götter und Geister der hinduistischen und/oder vorbuddhistischen Religion, die für die Nöte des Alltags Hilfe anboten. Da wird in Thailand der Khwan, der Lebensgeist beschworen, die zusehends ermattende Großmutter noch nicht zu verlassen, in Burma helfen die Nats dem Onkel Mya Tun, daß seine Kuh ein gesundes Kalb zur Welt bringt, und in Śrī Laṅkā sorgt der (hinduistische) Gott Ganeśa dafür, daß Sujāti ihr Aufnahmeexamen für die High School besteht.

Theravāda- und Mahāyāna-Buddhismus reagierten auf den Rückgriff ihrer Anhänger zu Göttern und Geistern verschieden. Der Theravāda verwehrte den Göttern der Substratreligion den Eintritt in den Tempel und duldete sie, wenn überhaupt, nur im Tempelvorhof in gesonderten kleinen Kulthäuschen. So findet man in Thailand, Burma und Śrī Laṅkā buddhistische Tempel umgeben von Idolen, die mit Buddhismus nichts zu tun haben. Erst wenn der Gläubige seine weltlichen Nöte und Wünsche den Göttern der Vorhofreligion vorgetragen hat, betritt er den Tempel der buddhistischen Hochreligion, in der es allein um Erlösung geht.

Der Buddhismus des Großen Fahrzeugs bringt für die Alltagssorgen seiner Bekenner mehr Verständnis auf. Um den Gläubigen Hilfe *innerhalb* des Mahāyāna zu bieten, übernahm er die fremden Götter und Geister in sein System als untergeordnete Ressortwesenheiten und gab ihnen einen Platz im Tempelinneren. Für jedes

Anliegen findet der Mahāyānin in seinem Tempel eine zuständige Wesenheit.

Wie sich die Übernahme vollziehen kann, ist im tibetischen Buddhismus deutlich. Er adoptierte Götter und Geister aus der Bön-Religion und dem Hinduismus unter der Erklärung, daß sie von einem buddhistischen Meister (ācārya) oder magiegewaltigen Adepten (siddha) unterworfen und zum Dienst des Dharma verpflichtet worden seien. Besonders der Guru Padmasambhava (8. Jh.) wird als Geisterbezwinger gerühmt.

Schluß

Ideengeschichtlicher Überblick: Das Kleine und das Große Fahrzeug

Alle Buddhismus-Schulen wollen das gleiche: die Erlösung von der Wiedergeburt im Verlöschen (nirvāṇa). Unterschiede gibt es in der Frage, wie die Erlösung zu erreichen sei.

Der Theravāda-Buddhismus definiert das Nirvāṇa subtraktiv, nämlich als Vernichtung der karmischen Impulse, die an den Saṃsāra binden und neue Wiedergeburt bedingen. Nirvāṇa ist die Zerstörung der Gier, die Erlöstheit von Begehren, Haß und Verblendung und das Zurruhekommen der Tatabsichten, die sich als neue Existenzformen auswirken könnten. Es ist erreicht, wenn das »karmische Konto« gelöscht ist.

Die hīnayānischen *Scholastiker* bedienten sich zur Bestimmung des Nirvāṇa der Dharma-Theorie, der zufolge die Welt aus kurzlebigen Bedingten Daseinsfaktoren (saṃskṛta dharma) besteht; durch ihre Fluktuation und ihren Konditionismus stellen die Bedingten Dharmas das Leben und die empirischen Dinge dar. Diesen *Bedingten* Dharmas, die den Saṃsāra ausmachen, steht der *Nichtbedingte* Dharma (asaṃskṛta dharma), das Nirvāṇa gegenüber. Als Gegensatz zum unsteten Saṃsāra hat das Nirvāṇa somit den Charakter eines Beständigen – mit der Folge, daß es seit je existiert haben muß. Es ist eine zeitlose Gegebenheit.

Der Mahāyāna-Buddhismus baute diese Auffassung aus. Da das Nirvāṇa als das Nichtbedingte von ewig her besteht, ist es unzerstörbar und ohne Ende. Identisch mit dem Absoluten (tattva), ist es in jedem Wesen vorhanden, muß aber erkannt und erlebt werden, damit aus dem latent erlösten Heilssucher ein aktuell Erlöster wird. Die Heilserfahrung des Mahāyānin hat deshalb einen anderen Akzent als die des Theravādin. Der Theravādin erlebt Nirvāṇa als Befreiung, der Mahāyānin hat stärker das Gefühl, mit dem Nirvāṇa des Absoluten innegeworden zu sein.

Parallel zu dieser Entwicklung verlief die Entwicklung des Begriffes »Leerheit« (śūnyatā).

Der Theravāda-Buddhismus versteht die empirische Person als ohne den Tod überdauernde Seele, in adjektivischer Ausdrucksweise als »nicht-selbst« (anātma) oder »leer« (śūnya). Auch das Nirvāṇa ist »nicht-selbst«, aber es als »leer« zu bezeichnen, hütet sich der Theravādin, denn »leer« ist ein abwertendes Urteil; es auf das Heilsziel anzuwenden wäre ihm wie ein Sakrileg vorgekommen.

Die Mahāyānins ersetzten das Adjektiv »leer« durch das Substantiv »Leerheit« (śūnyatā), mißachteten aber die Einschränkung, die die Theravādins beim Gebrauch des Adjektivs »leer« gemacht hatten. Demzufolge bezeichnen sie Saṃsāra *und* Nirvāṇa als »Leerheit«. Unversehens war auf diese Weise ein Monismus entstanden, denn wenn die saṃsārischen Wesen *und* das Nirvāṇa (= Absolutes) Leerheit sind, dann sind sie im Kern identisch und erlöst. Die monistische All-Einheit bildet die Grundlage der mahāyānischen Religiosität und erklärt die Gefühlswärme, die das Mahāyāna vor dem Hīnayāna auszeichnet.

Wie sich die Leerheits-Schule für ihre Weltanalyse der Philosophie bedient, so bedient sich die Bewußtseins-Schule der Psychologie.

Der historische Buddha und, ihm folgend, der Theravāda-Buddhismus lehren, daß die Welt nur insoweit existiert, wie man sie durch die Wahrnehmungssinne aufgenommen und zum Inhalt des Bewußtseins oder Geistes gemacht hat. Die mahāyānische Bewußtseins- oder Nur-Geist-Schule führte diesen Gedanken zu der Konsequenz, daß die Welt *überhaupt nur* Geist (citta-mātra) sei. Und sie ging noch weiter. Auch der Träger der Idee »Welt«, die empirische Person, ist nur Geist, nämlich eine von Karman-Samen verursachte Ideation im Grundbewußtsein (ālayavijñāna). Das Grundbewußtsein ist das Absolute, der Urgrund, aus dem das vermeintliche Dasein ideativ hervorgeht: Das Ich und der ganze Saṃsāra ist nichts als eine Halluzination im Grundbewußtsein, eine durch Karman erzeugte Turbulenz im Absoluten. Mit der Erkenntnis des Traumcharakters des Saṃsāra ist das Leiden aufgehoben.

Die unterschiedlichen Auffassungen des Nirvāṇa und die differierenden Einschätzungen des Saṃsāra führten zu unterschiedlichen Erlösungswegen.

Der Theravāda-Buddhismus erkennt als einzigen Weg zum Nirvāṇa den Achtfachen Weg der Ethik an, nämlich

- Rechte Ansicht,
- rechter Entschluß,
- rechte Rede,
- rechtes Verhalten,
- rechter Lebensunterhalt,
- rechte Anstrengung,
- rechte Achtsamkeit und
- rechte Meditation.

Seine Erlösungswirkung beruht darauf, daß er in dem Heilssucher die zur Wiedergeburt treibenden Karman-Impulse Gier, Haß und Wahn versiegen läßt, so daß als Ende der Wiedergeburt das Verlöschen (nirvāṇa) eintreten muß. Der Theravādin verwirklicht die Erlösung allein durch eigene Kraft.

In der Mitte zwischen Hīna- und Mahāyāna steht der Erlösungsweg durch Weisheit (prajñā). Er geht davon aus, daß die Erkenntnis der Leerheit (śūnyatā) als des Absoluten in dem Erlösungssucher die Triebkräfte der Wiedergeburt annulliert und ihn das Nirvāṇa realisieren läßt. Ein hīnayānischer Weg ist er insofern, als er auf Eigenerlösung baut, ein mahāyānischer insoweit, als er der Weisheit die Fähigkeit zuschreibt, karmische Resthindernisse zu überwinden.

Wege der Fremdhilfe und damit eindeutig mahāyānisch sind die Erlösungswege der Geburt im Zwischenparadies eines Buddha und die Erlösung mit dem Beistand eines Transzendenten Bodhisattva. Die erstere Methode unterstellt, daß die Gnade (prasāda) des Transzendenten Buddha dem Heilssucher die Geburt in einem Zwischenparadies möglich macht, wo er Gier, Haß und Verblendung endgültig in sich ausrotten kann. Beim passiven Bodhisattva-Weg sind es das Mitleid des Transzendenten Bodhisattva und die Übertragung religiösen Verdienstes auf den Heilssucher, die ihm die Erreichung der Erlösung erleichtern. Erleichtern, aber nicht schenken: einen Rest von Eigenbemühung hat der Heilssucher auch im Mahāyāna-Buddhismus aufzubringen.

Es war der Theravāda-Buddhismus, der Indien und Śrī Laṅkā, später auch Burma und Thailand gewann, es war das Mahāyāna, das die übrigen Länder Asiens eroberte. Etwa vom 3. Jahrhundert n. Chr. ab dominierten außerhalb Indiens die Mahāyānins; in Indien selbst scheint das Zahlenverhältnis zwischen Hīnayānins und Mahāyānins bis zum 5. Jahrhundert noch ausgewogen gewesen zu sein.

Faszinieren die hīnayānischen Schulen durch ihr Immanenzdenken und ihr tapferes Vertrauen in die eigene Erlösungskraft, so besticht das Mahāyāna durch seine kühne Metaphysik und die Fülle seiner Heilswege. Die Farbigkeit seiner spirituellen Welt, der Wunderreichtum seiner Sūtras, die Innigkeit seiner Anrufungen und Litaneien und die Aussicht auf Erlösung auch für den Schwächsten, dies alles trug zum Erfolg des Mahāyāna auf dem asiatischen Kontinent bei. Über Zentral-Asien gelangte das Große Fahrzeug nach China, Korea und Japan, über Tibet fand es seinen Eingang in die Mongolei. Die feinsinnigen Höfe Ostasiens fühlten sich von ihm ebenso bereichert wie die rauhen Stämme des tibetischen Hochlands.

In Indien, dem Land seines Ursprungs, ist der Buddhismus heute kaum noch zu Hause. Der chinesische Indienpilger Faxian (Indienreise 399–414) berichtet voller Bewunderung über die große Zahl buddhistischer Mönche in Indien und ihre hohe Disziplin, der chinesische Indienpilger Xuanzang (Reise 629–645) dagegen erkennt schon Zeichen des Niedergangs. Im 13. Jahrhundert schließlich endet die Zeit des Buddhismus in Indien. Innere Ermattung, die von dem Hindu-Philosophen Śaṅkara (788–820) in Gang gesetzte »hinduistische Gegenreformation«, die den Buddhismus in den Hinduismus einsog und assimilierte, und letztlich der die Klöster niederbrennende Fanatismus der islamischen Eroberungsheere um das Jahr 1200 und später haben die Religion des Buddha in Indien zu einer zahlenmäßig kleinen Religion reduziert.

Dennoch: Heute wie damals ist Indien für die Buddhisten aller Welt das heilige Land. Auf indischem Boden liegen die Stätten der Erleuchtung, der ersten Predigt und des Parinirvāṇa des Buddha, in indischen Sprachen sind die ursprünglichsten Texte verfaßt, nach Indien führen alle realen und geistigen buddhistischen Reisen. Wenn man in Bodh Gayā andächtigen ceylonesischen, tibetischen und europäischen Pilgern, in Sārnāth Pilgern aus Thailand und Amerika, am Geiergipfel von Rājagṛha frommen Reisenden aus Japan begegnet, dann gewinnt man eine Ahnung davon, was die Lehre des Buddha vielen Millionen Menschen in der Welt als Trost, Lebenshilfe und Hoffnungsbote bedeutet.

Anhang

Abkürzungen und benutzte Textausgaben

A	Aṅguttaranikāya (PTS-Ausgabe)
AP	Aṣṭasāhasrikā Prajñāpāramitā, ed. by P.L. Vaidya. Darbhaṅga 1960 (BST No. 4)
Atv	Akṣobhyatathāgatavyūha
BāU	Bṛhadāraṇyaka-Upaniṣad
Bca	Bodhicaryāvatāra (des Śāntideva), ed. by Śānti Bhikṣu Śāstrī. Lakhnau (Buddhavihāra) 1955
BhG	Bhagavadgītā
BST	Buddhist Sanskrit Texts, ed. by P.L. Vaidya. Mithila Institute, Darbhaṅga
chin.	chinesisch
Cv	Cullavagga (des Vinayapitaka) (PTS-Ausgabe)
D	Dīghanikāya (PTS-Ausgabe)
Dhp	Dhammapada (PTS-Ausgabe)
GsT	Guhyasamājatantra, ed. by P.L. Vaidya. Darbhaṅga 1965 (BST No.9)
jap.	japanisch
KP	Karuṇāpuṇḍarīka, ed. by Isshi Yamada, London 1968
Kv	Kāraṇḍavyūhasūtra, ed. by P.L. Vaidya, in: Mahāyānasūtrasaṅgraha Part 1. Darbhaṅga 1961 (BST No. 17)
LS	Laṅkāvatārasūtra, ed. by Bunyiu Nanjio. Kyoto ²1956 (Bibliotheca Otaniensis vol.1)
LSsag	Sagāthakam (= Versanhang zum Laṅkāvatārasūtra)
M	Majjhimanikāya (PTS-Ausgabe)
Mp	Milindapañha (PTS-Ausgabe)
Mś	Madhyamakaśāstra (des Nāgārjuna), ed. by P.L. Vaidya. Darbhaṅga 1960 (BST No. 10)
Mv	Mahāvagga (des Vinayapiṭaka) (PTS-Ausgabe)
P.	Pāli
Par	Parivāra (des Vinayapiṭaka) (PTS-Ausgabe)
PTS	Pāli Text Society, London
S	Saṃyuttanikāya (PTS-Ausgabe)
Sbh	Suvarṇabhāsottamasūtra, Das Goldglanzsūtra, ein Sanskrittext des Mahāyāna-Buddhismus, hgg. von J. Nobel. Leipzig 1937
Skt.	Sanskrit

SP	Saddharmapuṇḍarīka, ed. by P.L. Vaidya, Darbhaṅga 1960 (BST No. 6)
Śs	Śikṣāsamuccaya (des Śāntideva), ed. by P.L. Vaidya. Darbhaṅga 1961 (BST No. 11)
SvK	Sukhāvatīvyūha (Kürzere Fassung), ed. by P.L. Vaidya, in: Mahāyānasūtrasaṅgraha Part 1. Darbhaṅga 1961 (BST No. 17)
SvL	Sukhāvatīvyūha (Längere Fassung) ed. by P.L. Vaidya, in: Mahāyānasūtrasaṅgraha Part 1. Darbhaṅga 1961 (BST No. 17)
Vin	Vinayapiṭaka
VP	Vajracchedikā Prajñāpāramitā, ed. and transl. by E. Conze. Rom 1957 (Serie Orientale Roma No. 13)

Literatur

Zu den literarischen Quellen

E. Conze: The Prajñāpāramitā Literature. 2nd Ed. Tokyo 1978 (Bibliographia Philologica Buddhica, Series Maior 1)

R. Mitra: The Sanskrit Buddhist Literature of Nepal. Calcutta [2]1971

K. Mizuno: Buddhist Sūtras – Origin, Development, Transmission. Tokyo 1982

G. K. Nariman: Literary History of Sanskrit Buddhism (from Winternitz, Sylvain Levi, Huber). Bombay [2]1923

K. R. Norman: Pāli Literature including the Canonical Literature in Prakrit and Sanskrit of all the Hīnayāna Schools of Buddhism. Wiesbaden 1983 (A History of Indian Literature, vol. VII,2)

P. Pfandt: Mahāyāna Texts translated into Western Languages – A Bibliographical Guide. Köln [2]1986

Sangharakshita: The Eternal Legacy – An Introduction to the Canonical Literature of Buddhism. London 1985

D. Seyfort Ruegg: The Literature of the Madhyamaka School of Philosophy in India. Wiesbaden 1981 (A History of Indian Literature, vol VII,1)

M. Winternitz: Geschichte der indischen Litteratur, Bd. II,1: Die buddhistische Litteratur. Leipzig 1913

Gesamtdarstellungen des indischen Mahāyāna

A. Bareau, W. Schubring, Ch. von Fürer-Haimendorf: Die Religionen Indiens II – Buddhismus, Jinismus, Primitivvölker. Stuttgart 1964

E. Conze: Der Buddhismus, Wesen und Entwicklung, Stuttgart [2]1956

E. Conze: Buddhistisches Denken – Drei Phasen buddhistischer Philosophie in Indien, Frankfurt 1988

N. Dutt: Mahayana Buddhism. Calcutta ²1976
H. von Glasenapp: Der Buddhismus – eine atheistische Religion, München 1966
W. M. McGovern: An Introduction to Mahāyāna Buddhism. London 1922
H. Nakamura: Indian Buddhism – A Survey with Bibliographical Notes. Delhi ²1987
O. Rosenberg: Die Probleme der buddhistischen Philosophie. Heidelberg 1924 (Materialien zur Kunde des Buddhismus, 7./8. Heft)
Sangharakshita: A Survey of Buddhism. Bangalore ³1966
Sangharakshita: Die drei Kleinode – eine Einführung in den Buddhismus. München 1971
H. W. Schumann: Buddhismus – Stifter, Schulen und Systeme. Olten/Freiburg ⁵1988
D. L. Snellgrove: Indo-Tibetan Buddhism – Indian Buddhists and their Tibetan Successors. London 1987
B. L. Suzuki: Mahayana Buddhism – A Brief Outline. London 1948
D. T. Suzuki: On Indian Mahayana Buddhism. New York 1968
D. T. Suzuki: Outlines of Mahayana Buddhism. New York ²1963
C. H. S. Ward: Buddhism – Volume Two: Mahāyāna. London 1952
A. K. Warder: Indian Buddhism. Delhi/Patna/Varanasi 1970
P. Williams: Mahāyāna Buddhism – The doctrinal foundations. London/New York 1989
S. Yamakami: Systems of Buddhistic Thought. Calcutta 1912

Spezialarbeiten zur scholastischen und mahāyānischen Philosophie

E. Abegg: Der Buddha Maitreya, St. Gallen 1946
A. K. Chatterjee: The Yogācāra Idealism. Varanasi 1962 (BHU Darśana Series No. 3)
S. Chaudhury: Analytical Study of the Abhidharmakośa, Calcutta ²1983
E. Conze: Thirty Years of Buddhist Studies, Selected Essays. London 1967
E. Conze: Further Buddhist Studies, Selected Essays. London 1975
H. Dayal: The Bodhisattva Doctrine in Buddhist Sanskrit Literature. London ²1975
H. Eimer: Skizzen des Erlösungsweges in buddhistischen Begriffsreihen. Bonn 1976 (Arbeitsmaterialien zur Religionsgeschichte, Band 1)
V. Fatone: The Philosophy of Nāgārjuna. Delhi 1981
F.-R. Hamm: Die Idee des »Leeren« in der buddhistischen Lehre und Mystik – Ihre literarische Darstellung. Freiburg 1976 (Saeculum 27, Heft 3)
J. Hedinger: Aspekte der Schulung in der Laufbahn eines Bodhisattva – dargestellt nach dem Śikṣāsamuccaya des Śāntideva. Wiesbaden 1984 (Freiburger Beiträge zur Indologie, Bd. 17)

R. Johansson: The Psychology of Nirvāna – A comparative study of the natural goal of Buddhism .... London 1969
Th. A. Kochumuttom: A Buddhist Doctrine of Experience – A new Translation and Interpretation of the Works of Vasubandhu the Yogācārin. Delhi 1982
E. Leumann: Maitreya-samiti, das Zukunftsideal der Buddhisten. Straßburg 1919
Ch. Lindtner: Nagarjuniana – Studies in the Writings and Philosophy of Nāgārjuna. Copenhagen 1982 (Indiske Studies 4)
T. R. V. Murti: The Central Philosophy of Buddhism – A Study of the Mādhyamika System, London ²1980
T. Rahula: A Critical Study of the Mahāvastu. Delhi/Varanasi/Patna 1978
K. V. Ramanan: Nāgārjuna's Philosophy as presented in the Mahā-Prajñāpāramitā-Śāstra. Delhi ³1978
R. H. Robinson: Early Mādhyamika in India and China. Madison 1967
P. D. Santina: Madhyamaka Schools in India – A Study of the Madhyamaka Philosophy and of the Division of the System into the Prāsaṅgika and Svātantrika Schools. Delhi/Varanasi 1986
L. Schmithausen: Ālayavijñāna – On the Origin and the Early Development of a Central Concept of Yogācāra Philosophy. 2 vols. Tokyo 1987 (Studia Philologica Buddhica IV)
M. Schott: Sein als Bewußtsein – Ein Beitrag zur Mahāyāna-Philosophie. Heidelberg 1935 (Materialien zur Kunde des Buddhismus. 20. Heft)
H. W. Schumann: Saṃkhāra im frühen Buddhismus (= Bonner Dissertation 1957). 2. Aufl. Privatdruck. Düsseldorf 1982
Th. Stcherbatsky: The central Conception of Buddhism and the Meaning of the Word »Dharma«. Calcutta ²1956
F. J. Streng: Emptiness – A Study in Religious Meaning. Nashville 1967
D. T. Suzuki: Studies in the Laṇkāvatāra Sūtra. London ²1957
N. Tatia: Sarvāstivāda. Nālandā 1960 (Nava Nālandā Mahāvihāra Research Publication, vol. II)
Ch. L. Tripathi: The Problem of Knowledge in Yogācāra Buddhism. Varanasi 1972
A. K. Warder: »Original« Buddhism and Mahāyāna. Torino 1983 (Pubblicazioni di Indologica Taurinensia vol. xvi)
E. Wolff: Zur Lehre vom Bewußtsein (Vijñānavāda) bei den späteren Buddhisten unter besonderer Berücksichtigung des Laṅkāvatārasūtra. Heidelberg 1930 (Materialien zur Kunde des Buddhismus, 17. Heft)

Vollübersetzungen und Übersetzungsanthologien mahāyānischer Texte

St. Anacker: Seven Works of Vasubandhu, the Buddhist Psychological Doctor. Delhi 1984 (Religions of Asia Series, No. 4)

G. C. C. Chang (Ed.): A Treasury of Mahāyāna Sūtras – Selections from the Mahāratnakūta Sūtra, Pennsylvania State University Press. University Park/ London 1983

E. Conze: Selected Sayings from the Perfection of Wisdom. London (Buddhist Society) 1955

E. Conze: Buddhist Wisdom Books – The Diamond Sutra and the Heart Sutra. London 1958

E. Conze: The Short Prajñāpāramitā Texts. London 1973

E. Conze: Buddhist Scriptures. Harmondsworth [4]1968 (Penguin Books L 88)

E. Conze: The Perfection of Wisdom in Eight Thousand Lines & its Verse Summary. Bolinas 1973

E. Conze: The Large Sutra on Perfect Wisdom – with the divisions of the Abhisamayālaṅkāra. Delhi/Varanasi/Patna [2]1979

R. E. Emmerick: The Sūtra of Golden Light – being a translation of the Suvarṇabhāsottamasūtra. London 1970

E. Frauwallner: Die Philosophie des Buddhismus. Berlin (Ost) 1958 (Philosophische Studientexte, Texte der indischen Philosophie Bd. 2)

H. von Glasenapp: Der Pfad zur Erleuchtung – Grundtexte der buddhistischen Heilslehre. Düsseldorf 1956

M. Honda: Annotated translation of the Daśabhūmika-Sūtra. Delhi 1968, (Śata-Piṭaka Series vol.74)

D. J. Kalupahana: Nāgārjuna – The Philosophy of the Middle Way. New York 1986

J. Mehlig: Weisheit des alten Indien. Bd. 2: Buddhistische Texte. München 1987

G. Mensching: Buddhistische Geisteswelt – Vom historischen Buddha zum Lamaismus. Darmstadt 1955

D. T. Suzuki: The Laṅkāvatārasūtra – A Mahāyāna Text. London [2]1956

E. J. Thomas: The Perfection of Wisdom – the Career of the Predestined Buddhas. London 1952

J. D. Willis: On Knowing Reality – The Tattvārtha Chapter of Asaṅga's Bodhisattvabhūmi. New York 1979

M. Winternitz: Der Mahāyāna-Buddhismus nach Sanskrit- und Prakrittexten. Tübingen 1930 (Religionsgeschichtliches Lesebuch Bd. 15)

Zur Mahāyāna-Ikonographie und Symbolik

K. L. Hazra: The Ādi-Buddha. Delhi 1986
M.-T. De Mallmann: Introduction à l'Étude d'Avalokiteçvara. Paris 1967
S. P. Mukhopadhyay: Amitābha and his Family. Delhi 1985
H. W. Schumann: Buddhistische Bilderwelt – Ein ikonographisches Handbuch des Mahāyāna- und Tantrayāna-Buddhismus. Köln 1986
D. L. Snellgrove (Ed.): The Image of the Buddha. London 1978

Zen und Amida-Buddhismus Ostasiens

A. Bloom: Shinran's Gospel of Pure Grace. Tucson Arizona ²1968
K. Ch'en: Buddhism in China – A Historical Survey. Princeton New Jersey ⁴1972
H. Dumoulin: Mumonkan – die Schranke ohne Tor. Mainz 1975
H. Dumoulin: Geschichte des Zen-Buddhismus. Bd. 1: Indien und China. Bern/München 1985
W. Gundert: Bi-Yän-Lu – Niederschrift von der Smaragdenen Felswand. 3 Bde., München 1960 ff.
H. Haas: Amida Buddha unsere Zuflucht – Urkunden zum Verständnis des japanischen Sukhāvatī-Buddhismus. Leipzig 1910
I. Miura, R. Fuller Sasaki: Zen Dust – The History of the Koan and Koan Study in Rinzai (Lin-Chi) Zen. New York 1966
Sch. Ohasama, A. Faust: Zen – der lebendige Buddhismus in Japan. Darmstadt ²1968
E. D. Saunders: Buddhism in Japan – with an Outline of its Origins in India. Philadelphia 1964
R. D. M. Shaw: The Blue Cliff Records – The Hekigan Roku containing One hundred Stories of Zen masters of ancient China. London 1961
Z. Shibayama: Zu den Quellen des Zen – Die berühmten Koans des Meisters Mumon .... München 1986 (Heyne Sachbuch 7277)
D. T. Suzuki: Shin Buddhism. New York/Evanston/London 1970
D. T. Suzuki: Essays in Zen Buddhism. (First Series) London ²1958, (Second Series) London ²1958, (Third Series) London ²1958
D. T. Suzuki: Manual of Zen Buddhism. New York ²1960

Handbücher und Lexika

E. Conze: Materials for a Dictionary of the Prajñāpāramitā Literature. Tokyo 1967
Encyclopaedia of Buddhism. Ed. by G. P. Malalasekera (and others). Colombo 1961 ff. (bisher 3 Bände und 1 Faszikel: A bis C)
T. O. Ling: A Dictionary of Buddhism. New York 1972
St. Schuhmacher (Hg.): Lexikon der östlichen Weisheitslehren – Buddhismus, Hinduismus, Taoismus, Zen. Bern/München/Wien 1986

Index

Die diakritischen Zeichen in indischen Begriffen bleiben bei der alphabetischen Einordnung unberücksichtigt.

Weitere Literatur zum Buddhismus im Eugen Diederichs Verlag

Hans Wolfgang Schumann
Buddhistische Bilderwelt
Ein ikonographisches Handbuch des Mahāyāna- und Tantrayāna-Buddhismus.
Leinen, 384 Seiten mit 420 Abbildungen.

Hans Wolfgang Schumann
Der historische Buddha
Leben und Lehre des Gotama.
Gelbe Reihe Band 73. Kartoniert, 320 Seiten mit 16 Abbildungen und Karten.

Gampopa
Juwelenschmuck der geistigen Befreiung
Das Buch des tibetischen Buddhismus.

Herausgegeben und übersetzt von Herbert Guenther.
Pappband, 312 Seiten.

Geshe Lhündub Söpa
Jeffrey Hopkins
Der tibetische Buddhismus
Mit einem Vorwort des Dalai Lama.
Gelbe Reihe Band 13. Kartoniert, 224 Seiten mit 8 Abbildungen.

Stufen zur Unsterblichkeit
Tod, Zwischenzustand und Wiedergeburt im tibetischen Buddhismus.

Herausgegeben von Lati Rinpoche und Jeffrey Hopkins.
Mit einem Vorwort des Dalai Lama.
Gelbe Reihe Band 41. Kartoniert, 160 Seiten.